虚像の織田信長

覆された九つの定説

渡邊大門 編
Daimon Watanabe

柏書房

はじめに

織田信長《おだのぶなが》といえば、戦国武将の中でも断トツの人気を誇っている。そのイメージを作ったのは、戦前戦後を通じて、日本中近世史の研究をリードした神戸大学名誉教授の今井林太郎《いまいりんたろう》氏（一九一〇～二〇〇三）であろう。今井氏の論文「信長の出現と中世的権威の否定」（『岩波講座日本歴史9　近世1』岩波書店、一九六三年）はその代表作の一つで、信長が中世的なあらゆる権威を否定し、近世への道筋を切り開いた革新的な人物として評価した。

この評価は信長研究で長らく踏襲され、やがて一般の人々の間に広まっていった。以来、「足利義昭《あしかがよしあき》は信長の傀儡《かいらい》に過ぎず、室町幕府は最初から打倒される計画だった」「信長は朝廷を否定し、自らが天皇になろうとした」「信長は無神論者であり、特に仏教の打倒を企んでいた」などなど、多くの説が提起された。

他にも、天正十年（一五八二）六月に勃発《ぼっぱつ》した本能寺《ほんのうじ》の変についても、さまざまな黒幕説が提起されている。足利義昭黒幕説、朝廷黒幕説などは、信長が革新者であるという評価の影響を受けていると考えられる。しかし、今や二つの黒幕説は批判的な検討を経て、ほぼ成り立たないことが立証されている。

近年になると、信長の研究が俄然《がぜん》盛り上がりを見せ、専門書はもちろんのこと、伝記や一般書が多数刊行された。それらの研究によって、従来の革新者という信長像はかなり修正されているといえよう。

つまり、信長は「中世的なあらゆる権威を否定し、近世への道筋を切り開いた革新的な人物」というよりも、保守的な考え方の持ち主ではなかったかということである。同時に、楽市《らくいち》楽座《らくざ》などの諸政策についても、すでに他の戦国大名が実施済みだったことも明らかにされた。

本書は近年の新たな信長像を提示すべく、執筆者各位にふさわしいテーマを担当いただき、最新の研究成果に基づき執筆いただいた。それぞれが独立した章になっているので、最初から、あるいは興味ある章から、どこから読んでいただいても結構である。本書を通して、新たな信長像をご理解いただけると幸いである。

渡邊大門

目次

第二章

実は「信頼関係」で結ばれていた信長と天皇

――天皇を敬い、朝廷を温存しようとした「保守性」

秦野裕介

第三章 家臣団統制に見る「独裁者信長」の虚像

――明智光秀、荒木村重、佐久間信盛……「アメとムチ」の人心掌握

千葉篤志

第四章　緩急自在の外交政策が示す信長の「我慢強さ」
――天皇や将軍の権威も巧みに利用したタフネゴシエーター

片山正彦

第五章 「天才的」とは言い切れない信長の「兵法」
——桶狭間は例外、最強だったわけではなかった軍事戦略

渡邊大門

第六章 信長の作った城郭・城下町、その「幻想」と「現実」
――信長がもたらしたとされる城郭建築の「革命」は真実か？

光成準治

第七章 信長の経済政策の「革新」と「保守」

——「経済システム大変動期」の端境の存在としての信長像

廣田浩治

第八章 「無神論者」とはほど遠い、信長の信心深さ
――仏教の堕落には怒りこそすれ、無宗教ではなかった

渡邊大門

第九章 教養をうかがわせる趣味人・信長
——能楽・茶の湯・相撲に鷹狩、西洋音楽からグルメまで

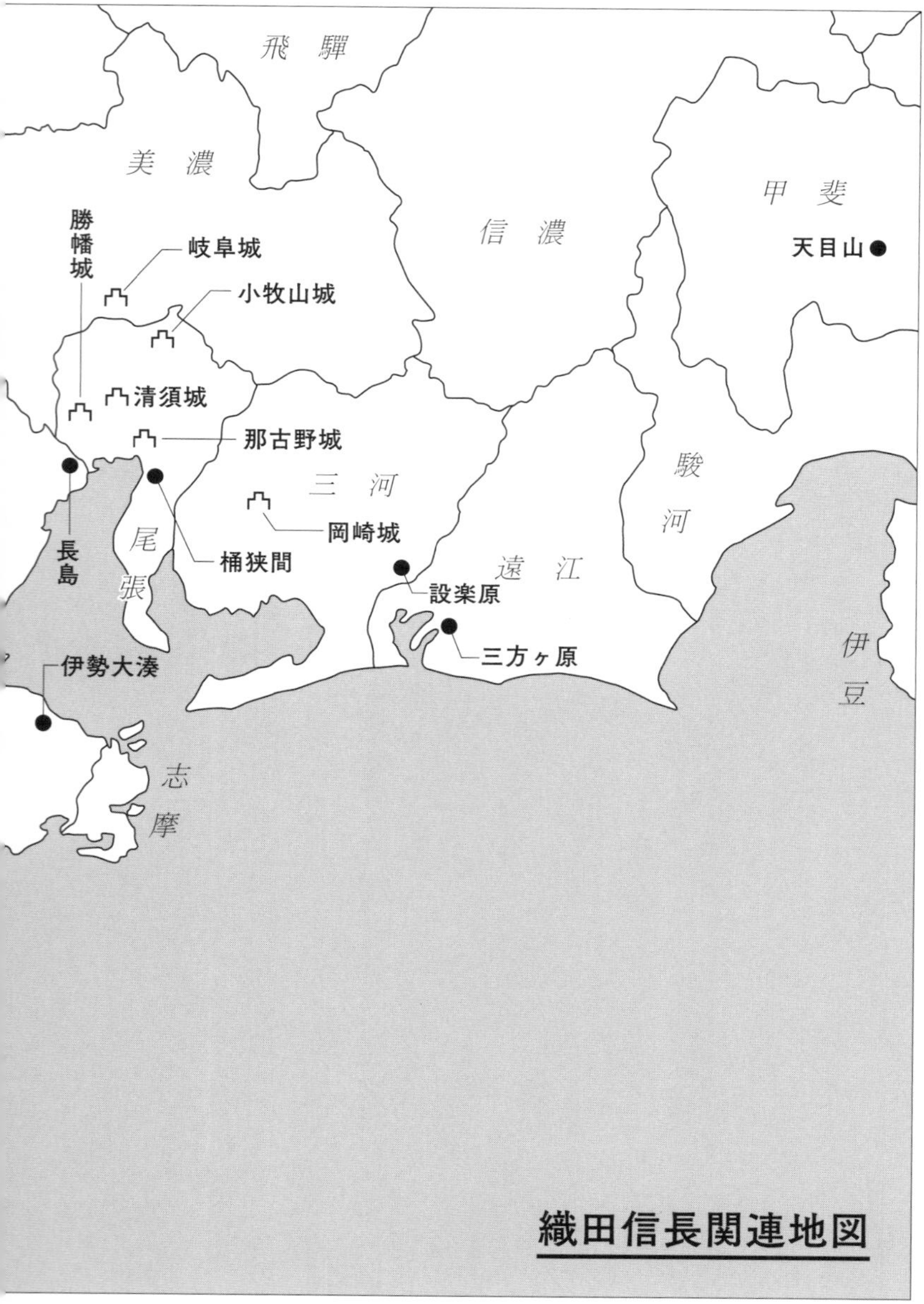
飛　驒
美　濃
甲　斐
信　濃
勝幡城
岐阜城
天目山
小牧山城
清須城
那古野城
三　河
駿
河
長島
尾
張
岡崎城
桶狭間
遠　江
設楽原
三方ヶ原
伊
豆
伊勢大湊
志
摩

織田信長関連地図

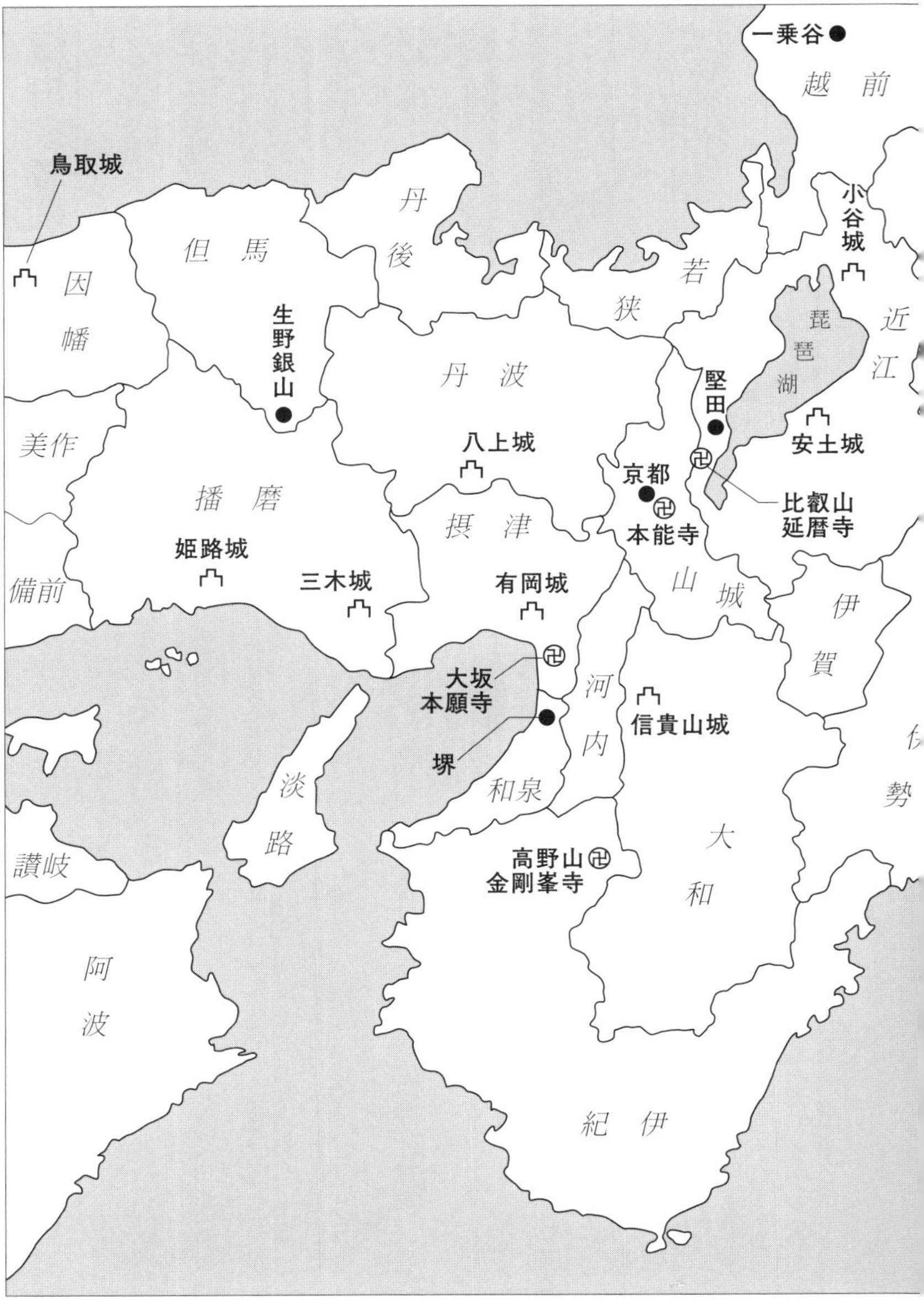

一乗谷
越前
鳥取城
丹後
但馬
因幡
若狭
小谷城
生野銀山
琵琶湖
近江
丹波
堅田
美作
八上城
安土城
京都
播磨
摂津
比叡山延暦寺
本能寺
姫路城
三木城
有岡城
備前
山城
伊賀
大坂本願寺
河内
信貴山城
堺
伊勢
淡路
和泉
大和
讃岐
高野山金剛峯寺
阿波
紀伊

織田家略系図

- 信秀
  - 信広
  - 秀俊
  - 信長
    - 信忠（信重）
      - 秀信
    - 信雄（具豊、信意、信勝）（一時、北畠氏養子）
    - 信孝（一時、神戸氏養子）
    - 秀勝（羽柴秀吉養子）
  - 信勝（達成、信成）
    - 信澄
  - 秀孝
  - 信包（信良）（一時、長野氏養子）
  - 長益（有楽）

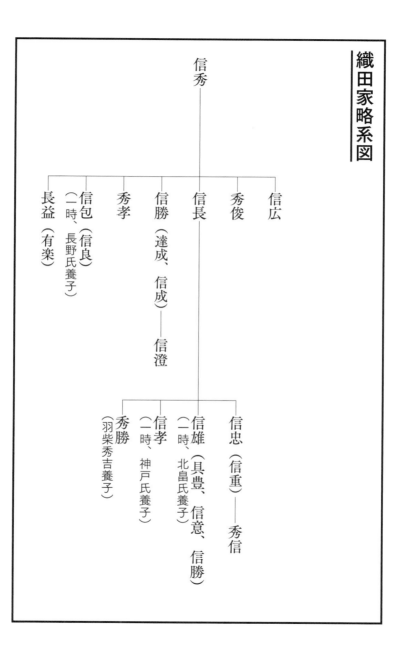

第一章 足利将軍家に対する信長の意外な「忠誠」

——信長の「天下」像から考察する、幕府との関係性

秦野裕介

将軍は天下統一のための重要なパートナー

織田信長《おだのぶなが》（一五三四〜八二）の人生を大きく二つに分けると、「天下」とかかわりのない時代と、「天下」とかかわる時代の二つに分けられる。つまり足利義昭《あしかがよしあき》を擁立《ようりつ》して上洛《じょうらく》し、「天下」とかかわるようになってから、彼の人生は大きく変わった、といえるだろう。

特に彼が「天下」とかかわるようになってから、彼が「天下」を扱う際のパートナーとなったのは、前半が足利義昭と室町幕府で、後半が正親町《おおぎまち》天皇と朝廷である。本章では室町幕府と織田信長の関係について検討していく。

織田信長が室町幕府とどのように関係を持ったか、ということに関して大雑把《おおざっぱ》に見ていくと、まず義昭を信長の傀儡《かいらい》とする考え方がある。この考え方は古く、大正時代の渡辺世祐《よすけ》氏から見られ、その後の主流となった見方である。この見方には室町幕府、特に戦国期の室町幕府の無力さとかかわって議論され、同時に信長の革新性、あるいは権威を重んじない性格が強調され、室町幕府をあくまでも「天下統一」のための道具と考えていた、とされてきた。

しかし一九七〇年代に入ると、今谷明氏による戦国期室町幕府の研究（今谷：一九八五）によって室町幕府の戦国期における存在形態が明らかにされ、細川京兆家《ほそかわけいちょう》、三好長慶《みよしながよし》による傀儡となった室町幕府という見方が提示され、それに対し、八〇年代後半以降、戦国期の室町幕府の権力のあり方について研究が進められた。たとえば山田康弘氏は訴訟手続きや大名との関係に、細川家には包摂されない将軍の独自性を見出《みいだ》した（山田：二〇一一）。

室町幕府最後の将軍・足利義昭

足利義昭はいうまでもなく室町幕府最後の将軍である。周知のことではあるかもしれないが、足利義昭についてアウトラインを眺めておきたい。

足利義昭（一五三七〜九七）は、十二代将軍であった足利義晴《よしはる》の子で、正室の慶寿院《けいじゅいん》を母に持つ。慶寿院は近衛尚通《このえひさみち》の娘で、義晴は足利家では初めて近衛家から正室を迎えた将軍である。同母の兄に十三代将軍の義輝《よしてる》がいる。

義昭は仏門に入り、覚慶《かくけい》と名乗って興福寺の一乗院門跡《いちじょういんもんぜき》となった。一乗院門跡・大乗院門跡はこれまで摂関《せっかん》家の子弟のみが入室していたが、覚慶の場合は近衛家の血を引く、という事情が働いたのだろう。

義輝が暗殺された永禄の変では弟で鹿苑院《ろくおんいん》院主であった周暠《しゅうこう》も暗殺され、覚慶は軟禁された

織田信長（右）と足利義昭肖像（いずれも東京大学史料編纂所所蔵模写）

が、義輝の側近の和田《わだ》惟政《これまさ》や三淵藤英《みつぶちふじひで》・細川藤孝《ほそかわふじたか》らに助けられて脱出し、近江《おうみ》（滋賀県）矢島で足利将軍家の当主となることを宣言、足利義秋と名乗り、三好三人衆（三好長逸《ながやす》、三好政康《まさやす》、岩成友通《いわなりともみち》）に擁立された足利義栄《よしひで》との対立に入った。

　義秋による上洛の呼びかけに応じた織田信長が斎《さい》藤《とう》龍興《たつおき》との戦いで尾張《おわり》（愛知県）に撤退したため、義秋は越前《えちぜん》（福井県）の朝倉義景《あさくらよしかげ》を頼ることになり、そこで長期間の滞在を余儀なくされることとなった。

　その間に義輝を暗殺した三好三人衆は堺公方《さかいくぼう》の子である足利義栄に将軍宣下《せんげ》を受けさせることに成功し、義秋は遅れをとることとなる。その後義秋は元服し、名前を義昭と改め、やがて尾張の織田信長を頼ることとなった。

　信長の援護のもと、義昭は京都帰還を果たし、さらに義栄も京都に入らないまま病死したこともあって義昭が無事征夷大将軍《せいいたいしょうぐん》に任命され、室町幕府を再興した。

三好三人衆が義昭の御所を襲撃した本圀寺《ほんこくじ》の変を乗り切った義昭に対して、信長は義輝の御所を整備して防御施設を充実させた烏丸中御門第《からすまるなかみかどてい》を献上した。

義昭は信長に対して織田家の主家である斯波《しば》家家督の左兵衛督《さひょうえのかみ》の官途（官職）及び管領《かんれい》あるいは副将軍への就任を要請したが、信長はそれを断り、堺・草津・大津の直轄地を求めた。信長の管領就任要請に関しては、義昭が信長を高く評価していることの証とされ、信長がそれを辞退したことは信長の実利的な側面を表すものとされている。

この問題を義昭側から見ると、信長をはじめとした大名連合によって支えられる幕府の再興ということになる。義昭は細川晴元《はるもと》の子息の六郎に偏諱《へんき》（貴人などの二字の名の一方の字。義昭の場合「昭」）を与えて昭元《あきもと》と名乗らせ、また畠山高政《はたけやまたかまさ》の子息の三郎に偏諱を与えて昭高《あきたか》と名乗らせている。三管領家のうち、細川・畠山は義昭のもとで再生を果たした。斯波家は当時信長によって尾張から追放されており、畠山高政の庇護《ひご》下にあった。信長との和解が成立するのは元亀二年（一五七一）なので、この段階では斯波家の復活は信長を事実上の斯波家の家督に据えるしかなかった、ということになるだろう。

このような義昭の幕府構想について久野雅司氏は、「将軍を頂点にして三管領家を再興させ、畿内近国に守護を補任することによって勢力下に置いて将軍の支配する領域である「天下」を形成」（久野：二〇一七）することとしている。

天下布武――「天下」の真の意味とは？

信長と「天下」といえば「天下布武《ふぶ》」という印章が有名である。現在のところ「天下布武」印章の初出文書は永禄十年（一五六七）十一月付の「織田信長朱印状」（奥野高広『織田信長文書の研究』七七号。以下『信』）である。

永禄十年といえば、信長が美濃《みの》（岐阜県）の斎藤龍興の稲葉山《いなばやま》城を陥れ、ようやく尾張と美濃の二国を平定した直後である。この段階で「天下布武」という印章を使うようになるきっかけは何だろうか。そもそも濃尾二国を制圧したところで彼が戦国時代を終わらせ、日本を統一できることなどできようもない。彼は本当にこの段階で「天下」を「武」で統一するつもりだったのだろうか。ここでは信長にとっての「天下布武」あるいは「天下」という言葉を見ていきたい。

従来、この問題については、信長の革命者としての側面、天才信長、というイメージから、「信長は、常人の考えない段階で「天下」を武力で統一する、という構想を抱いていた」と考えられてきた。しかしたかだか二国を平定した段階で「天下」の武力統一を構想するなど、まったく夢想、むしろ誇大妄想《こだいもうそう》といってもよいだろう。しかもそれを印章に使用するのは、自分が日本国中の戦国大名を武力でねじ伏せることを高らかに宣言した、ということであり、あまりにも危険すぎる。

それにもかかわらず彼が「天下布武」というスローガンを、しかも美濃を平定した段階で掲げたのはなぜなのか。近年ではその辺の研究も進んできて、「天下布武」を武力による天下、すなわち日本全国の統一と考える視点は克服され、まったく別の意味であると考えられるようになっている。

「天下」という言葉は一般には「天の下に広がるすべての空間」「この国全部」「一国の政治」「一国を支配するもの。特に、幕府」などを指す言葉とされる（『日本国語大辞典』小学館）。この語義を見る限り、「天下布武」を武力による天下つまり日本全体の統一と解釈するのは、逐語訳としては順当であるかのように思える。

「天下布武」の主語は信長ではなく義昭

しかし神田千里氏は、「天下布武」という言葉の解釈として今まで考えられてきた、「天下」=日本全国を武力で統一する、という解釈を誤っているとした（神田：二〇一四）。神田氏は「天下」について、将軍にかかわる概念であるとした上で、①将軍が体現し、維持すべき秩序、②京都、③「国」とは異なる領域、という側面を指摘、信長にとっての「天下布武」とは、将軍足利義昭による五畿内平定であると唱えた。

このような「天下」理解は現在では多数説となり、織田信長像解釈にも大きな影響を与えている。神田説に則《のっと》れば、足利義昭を擁立して上洛した信長はこの段階ですでに「天下布武」を成し遂げたことになる。では、「天下布武」後の信長の政治理念は何だったのか？　このことを検討した金子拓氏は、それを「天下静謐《せいひつ》」だったとする。「天下静謐」を維持することを自らの使命とした信長は、その責任を持つ将軍義昭のために尽力し、義昭がそれを怠《おこた》ると強く叱《しっ》責《せき》した、というのである（金子：二〇一四）。

さらに信長の軍事行動も「天下静謐」の文脈で捉《とら》えることができる、と金子氏は主張する。つまり「天下静謐」を維持することが使命である信長は、その「天下静謐」を妨害する勢力を討伐《とうばつ》し、「天下静謐」の状態を保たなければならなかった、というのである。その動きは従来考えられてきたような武力による「天下統一」という行動とは異なる、という。

現在の多数説では「天下布武」とは、室町幕府による畿内の平定であり、信長が「天下布武」を掲げたのは、自らが室町幕府復興を支える勢力である、という意識であった、という。

ではなぜ永禄十年の十一月にこの印章が初めて出てきたのだろうか。それともそれ以前からこの印章は使われてきて、たまたま永禄十年十一月付の文書が残されたのだろうか。

永禄十年十月に信長は稲葉山城を陥落させ、翌月に「天下布武」の印章を使った初出文書が発給されている。稲葉山城の陥落は何を意味したのだろうか。

義昭上洛と「天下布武」の印章のシンクロニシティ

先にも述べたことであるが、信長と義昭が交流を始めたきっかけは永禄八年（一五六五）の三好三人衆らによる将軍足利義輝の暗殺であり、弟の足利義昭が近江を流浪しながら将軍職につこうと努力していたころのことである。永禄八年十二月五日付の細川藤孝宛の織田信長書状に「重ねて御内書を成し下されー」（『信』六〇号）と書いてあることから、この段階ではすでに義昭と信長の間に連絡ができていたことがうかがえる。またこの文書は信長の花押《かおう》が「麒麟《きりん》」の「麟」の字を使ったものの最初であることから、信長は義昭を「麒麟」となぞらえたものと考えられる。

信長の意向を知った義昭は信長の上洛の妨げとなっている斎藤龍興との和睦《わぼく》に乗り出すこととなる。しかし近江の六角義賢《ろっかくよしかた》らも反義昭であることを鑑《かん》みると、信長が一気に義昭を擁立して上洛するのは危険が多く、信長が上洛をためらっているうちに近江の矢島にいた義昭が三好三人衆に襲撃され、若狭《わかさ》（福井県）を経て越前の朝倉義景のもとに逃亡してしまった。越前で義昭は元服し、先述のとおり、名前もそれまでの「義秋」を改め、よく知られた「義昭」と改名した。

永禄十年、斎藤龍興の重臣が信長に内応し、あっさり稲葉山城は陥落した。信長は稲葉山城を岐阜城と改め、ここを本拠とする。ここに信長は安心して義昭を擁立して上洛する準備ができた。翌年には信長は越前に使者を出し、義昭を奉戴《ほうたい》して上洛する準備ができたことを伝え、義昭も越前を出立して美濃で信長と面会し、信長に擁立されてついに上洛を果たす。

この一連の流れを見れば「天下布武」の印章がなぜこの時期に使われ始めたのかがわかるだろう。美濃の攻略によって初めて信長は義昭を擁立して上洛するための条件が整ったのである。この流れから見てもわかるように「天下布武」という言葉が「天下＝日本」を武力で統一する、という意味ではなく、「天下＝将軍の支配すべき畿内」を「平定し幕府を再興する」という意味であることが納得できる。

義昭を擁立して上洛するめどが立った段階で信長は「天下布武」のスローガンを掲げ、上洛して幕府を再興したことでそのスローガンは成し遂げられたのである。そしてその後の信長の使命はその「天下＝将軍の支配すべき畿内」の「静謐」を守ることとなるのである。この後の信長の動きはすべて「天下布武」「天下静謐」の維持のためであった。

義昭傀儡説を否定する「二重政権」

では信長によって再興された室町幕府はどのような体制で運営され、信長との関係はどのようなものだったのだろうか。

従来、義昭を長とする室町幕府と信長の関係については傀儡と対立関係として把握されてきた。すなわち、信長によって擁立された義昭はあくまでも信長の傀儡に過ぎないのであり、自主性はなかった、と考えられてきた。そして、傀儡であることに飽き足らなくなった義昭が信長の意向を無視したため、両者は対立、やがて信長包囲網を形成して対決姿勢を深めた義昭を信長が追放、室町幕府は滅亡した、とされてきた。

この解釈の背景には、信長を時代の変革者として捉える一方、義昭を室町幕府という旧来の組織にしがみつき、信長の改革を阻害する存在とする見方があるだろう。しかし一九九〇年代以降、「革命児」として中世的な権威を破壊し、近世への扉を開いた英雄という信長像は見直しが進み、現在ではむしろ従来の秩序を重んじる現実的な政治家という見方が主潮となっている。

その場合、義昭政権と信長政権がどのような関係にあったか、という問題が提起されることとなるが、現在多く支持を集めているのは久野雅司氏の「二重政権」論であろう。久野氏は義昭政権が室町幕府の諸機能の復活を果たし、畿内を直接支配する最大の政治権力になっていたこと、信長とは相互補完の関係にあった、ということを説明している。具体的に当時の義昭政権が担当していたのが相論《そうろん》（紛争や裁判沙汰）の裁許、安堵《あんど》、財政、守護《しゅご》補任、軍事動員というところである。

一方信長はそのような幕府に対し、副将軍や管領、守護職などへの補任を義昭が示したにもかかわらず、それを辞退し、直接義昭の支配下に入ることを回避しつつ、義昭政権を軍事で支え続け、この両者は相互補完の関係にあった。

「殿中掟」は権力簒奪ではなく幕府再興の確認書？

山田康弘氏も二重政権論を唱えているが、氏の場合、信長と義昭が相互補完の「二重政権」の形態となったのは、たとえば足利義稙《よしたね》－大内義興《おおうちよしおき》、足利義晴－六角定頼《さだより》のように前代の形態を引き継いでいるのではないか、としている（山田：二〇一一）。

二重政権を構成する義昭と信長の関係について、臼井進氏（臼井：一九九五）、久野雅司氏（久野：二〇〇三）の研究によりながら概観すると次のようになるだろう。

この両者の関係を象徴する文書として「殿中掟《でんちゅうおきて》」がある（『信』一四二号）。永禄十二（一五六九）年正月十四日付の殿中の掟九箇条と十六日付の追加七箇条からなる。

第一条には「不断召し使わるべき御部屋衆・定詰衆・同朋《どうぼう》以下、前々の如《ごと》くたるべきこと」（普段から召し使っている御部屋衆、定詰衆・同朋衆以下は以前からの通りにするべきこと）とあり、「前々の如く」のところから、義輝以前の幕府の通りに再興された、と考えられる。第二条以下に「公家衆」「御供衆」「惣番衆」「奉行衆《ぶぎょうしゅう》」などが書かれていて、幕府の機構が想定される。

第六条に「奉行衆に意見を訪ねらるるの上は、是非《ぜひ》の御沙汰あるべからずの事」（奉行衆に意見を訪ねた以上は、将軍が直接判決を下してはいけない)、追加五条に「直の訴訟停止の事」(奉行人を通さず直接将軍に訴えることは停止)、追加六条に「訴訟の輩これあらば、奉行人を以って言上致すべき事」(訴えたいことがある者は、奉行人を通じて言上すべき事)とあって、義昭の親裁を制約しているように読めるところから、この「殿中掟」において、信長はすでに義昭の権力を掣肘《せいちゅう》し、傀儡としていた、と従来はされてきた。

しかし幕府の訴訟のあり方の研究が進むと、この殿中掟及び追加に定められた奉行人の働きは室町幕府が以前から有していた規定を引き継いだものであることが明らかにされ、現在では「殿中掟」および「追加」は室町幕府を再興するにあたり、幕府の規定を信長と義昭が改めて条文として再確認して規定したもの、と考えられている(臼井:一九九五)。

永禄十二年四月十二日、岐阜に信長が帰るにあたって義昭に暇《いとま》を申し述べる時に両者が各々涙を流し、義昭は石垣に登って信長が粟田口《あわたぐち》を出て行くまで見送ったことが『言継卿記《ときつぐきょうき》』に書かれている。このころまでは信長と義昭は蜜月の関係であった、といってよい。

軍事に限定された、独裁とはほど遠い信長の権限

しかし同年十月には両者の間に隔《へだ》たりが見られ、それを象徴するような「五箇条条書」が翌年正月二十三日に出されている(『信』二〇九号)。

義昭の黒印が袖《そで》に捺《お》され、信長の天下布武の朱印が日下《にっか》（日付の下の署名）に捺されている
この条書は、第一条で諸国に出す御内書については必ず信長の副状を付すことなど、信長が義昭の権力の掣肘に乗り出した、という側面が認められる。

特に第四条では「天下の儀、何様にも信長に任せ置かるるの上は、誰々によらず、上意を得るに及ばず、分別次第に成敗をなすべき事」（天下の儀はどのようにも信長に任せ置かれた以上は、誰をも通さず、上意を得ることなく、信長の思い通りに処理すべきこと）とあり、これをもって信長が義昭の権力を完全に無力化したことで、信長の独裁体制が完成した、と見られることもあった。しかし金子氏と久野氏は「天下」の解釈を通じて従来説を否定する。

この解釈では「天下」において信長の判断で「成敗」できる権限、つまり軍事指揮権と外交権で、信長の判断で「天下静謐」を維持するために「成敗」する権限を与えられた、とする。しかもそれは軍事に対する全権ではなく、信長に委任されたのは「天下静謐」のために敵対勢力を「成敗」するための軍事指揮権に限定されていた、と考えられている。

一方、第五条では「天下静謐の条、禁中の儀、毎事御油断あるべからざるの事」（天下静謐が成就したので、天皇への忠誠についてはすべてのことについて粗略であってはいけない）とあり、朝廷の保護については義昭の職掌とされていたことがわかる。それに付随して京都の治安維持も義昭の司《つかさど》るところとされていた（久野：二〇一七年）。

信長が「天下静謐」のための軍事指揮権、義昭が政治・儀礼などを「天下」の主宰者として

司ることによって、室町幕府の弱点である軍事力の脆弱性《ぜいじゃく》を補うことができた、という点において、この一連の取り決めは双方にとって利があった。この「条書」をはじめとした取り決めは、信長が義昭を傀儡化し、将軍権力の代行者となったのではなく、「天下静謐」のための役割分担をはかったもので、双方によって承認された「約諾《やくだく》」だった、と考えられている。

この条書の第四条に基づき、信長は室町幕府の再興のために諸大名に上洛を命じる。しかし朝倉義景がそれに応じず、元亀元年（一五七〇）、信長は朝倉討伐に乗り出すが、浅井長政《あざいながまさ》の裏切りによって撤退を余儀なくされ、再起を図ることとなる。

二ヶ月後、姉川《あねがわ》の戦いで信長・徳川家康《とくがわいえやす》連合軍は勝利したが、三好三人衆、比叡山延暦寺《ひえいざんえんりゃくじ》（滋賀県大津市）、荒木村重《あらきむらしげ》、筒井順慶《つついじゅんけい》らによる第一次信長包囲網が結成される。信長包囲網といえば、義昭によるそれが有名だが、第一次の信長包囲網においては、義昭はむしろ信長と行動をともにしており、いわば包囲される方であったことに注意を要する。

二重政権における発給文書の特徴

当時の室町幕府と信長の関係が、従来いわれてきたような信長による将軍権力の代行による義昭の傀儡化という形で捉えられないと考えられるようになってきたが、この観点は信長による朱印状などの発給文書に関する研究にも当然反映されている。

信長の朱印状については室町幕府奉行人奉書の副状となっている事例が指摘されている。これについては山田康弘氏が旧来の幕府の守護遵行状《しゅごじゅんぎょうじょう》の系統を継ぐものであり、信長の独自性ではない、という指摘を行っている。この点は信長と義昭の二重政権が、以前の義稙と大内義興、義晴と六角定頼の関係と類似したものであり、必ずしも信長オリジナルではない、という指摘に照応している（山田：二〇〇八年）。

一方、幕府奉行人奉書の中に見られる「信長の執り申さるる旨に任せて」（信長の執り成しの通りに）という文言についても研究が進んでいる。

木下昌規氏はこの文書について考察し、従来の、信長が幕府に介入した、という見方に対して、十代将軍・義稙期における大内義興、十二代将軍・義晴期における六角定頼にも同様の例が見られることを指摘し、それは信長の介入というよりは、信長を介して幕府の安堵を期待するという受給者側の希望を反映したものとされる（木下：二〇一四年）。

木下氏は同時に「信長執り申す」の意味について考察している。たとえば義興や定頼の場合は山城守護（義興）や近江守護（定頼）など幕府官制下に属し、幕府の存続に大きく寄与していた、という。対して信長の場合は義昭からの管領や副将軍への推任を辞退して幕府官制には属していなかった、という特質があり、織田家の京都支配にも旧来の幕臣が登用された形跡がないことが指摘されている（同前）。

また信長の発給した禁制の中には「仍執達如件」（よって執達件《くだん》の如し）というような、上位の意思をうけたまわって出す奉書のような形式のものがある。これについては、二重政権の中で義昭の意向を受けて信長が出したもので、「よって執達件の如し」というような上意をうけたまわる文言を、義昭の意をうけたまわっている、として、信長が義昭を奉じる立場を示し続けた、とする研究がなされてきた。

それに対し久野氏は実際に信長が義昭に発給を求め、それを受けて義昭が「下知《げち》」を下して信長がその上意をうけたまわってから禁制を発給することは考え難く、さらに受給者が義昭と信長それぞれの禁制を求めていることから、「よって執達件の如し」という文言があっても、それは信長が独断で自らの意思によって直状として禁制を発給している、としている（久野：二〇一七年）。そしてその禁制が発給された領域は京都を中心とした「天下」であり、その「天下」は将軍の主宰する領域であり、そのような場所で軍事行動を展開する際の書き方であった、としている。

信長と義昭、「蜜月」から「破局」へ

周知のごとく、義昭は信長によって京都を追放され、室町幕府は滅びたとされる。では義昭と信長はいかなる理由で、いつごろから不仲となっていったのであろうか。

信長が義昭を傀儡として政権運営を図ろうとしていた、という従来の考え方では、前にあげ

た「殿中掟」によって信長が義昭政権の権力を掣肘し、それに反発する義昭と信長の関係が悪化、また「五箇条条書」では信長が義昭から将軍の持っていた「天下成敗権」を奪い取った、と考えられてきた。それに対する反発が義昭と信長の決裂の理由だとすれば、「五箇条条書」の出された永禄十三年（元亀元、一五七〇）正月にはすでに関係が悪化していたことになる。

事実『多聞院日記《たもんいん》』には永禄十二年十月十九日に「上意トセリアヰ」（義昭の意向と対立し）とあるところから、意思の疎通を欠くところがあったのは事実である。これについては古くから渡辺世祐氏の説が受け入れられ、北畠氏攻略をめぐる両者の隔たりであろうと考えてきた（渡辺：一九一一）。近年では谷口克広氏が、義昭による北畠氏との和平調停の結果、実際には劣勢だった信長に有利な条件で講和が結ばれたことで、両者の力関係に微妙な変化が生じたことが対立のきっかけではないか、と想定している。信長にとっては義昭に借りができ、義昭にとっては自らの権威に自信を持つようになったというわけだ（谷口：二〇一四年）。

この両者の間の不和はかなり早くから顕在化していたようではあるが、それが深刻な両者の決裂を引き起こしたか、といえばそうではなかった。たとえば「殿中掟」や「五箇条の条書」などは信長と義昭の権限分担であって、信長が一方的に義昭に押し付けたのではなく、両者の間の取り決めであったと考えられている。

ともあれ、このように両者の関係が徐々に悪化していく中で、義昭は「信長包囲網」を形成していくことになる。

織田信長包囲網自体は第一次から第三次まで存在する。第一次の包囲網は浅井長政・朝倉義景、三好三人衆、比叡山延暦寺などによって形成されているが、これが結成された元亀元年（一五七〇）にはまだ信長と義昭の決裂は生じておらず、この包囲網は信長のみならず義昭をも含んでいる。

問題は第二次包囲網である。これは朝倉義景、浅井長政、本願寺、武田信玄《たけだしんげん》らに対し義昭が御内書を出して形成されたものと考えられてきた。もしそうだとすれば、元亀二年（一五七一）には義昭と信長の関係は決裂したということになり、その原因は「殿中掟」から「五箇条条書」による信長の義昭権力の制限と、それに不満を義昭が募《つの》らせたことに求められよう。

これまで、元亀三年（一五七二）十月には信長は十七箇条の詰問文《きつもん》「異見《いけん》十七箇条」（『信』三四〇号）を義昭に突きつけ、両者の対決姿勢は決定的なものとなった、とされてきた。つまり、義昭と信長の対立の激化を受けて西上を開始した武田信玄が同年十二月、三方ヶ原《みかたはら》の戦いで徳川家康と信長の援軍を破ったのを受けて義昭は挙兵することとなった、とされてきたのである。

しかし神田千里氏は元亀三年末までは義昭と信長の協調関係が続いていたことを根拠に、「異見十七箇条」が出された時期を、元亀四年（天正元、一五七三）正月とした（神田：二〇一四年）。また、柴裕之氏はルイス・フロイスの書簡より元亀三年末に出されたと考え（柴：二〇一六年)、久野氏もその考えを踏襲している(久野：二〇一七年)。

両者の間の決裂が決定的なものになったことを示す「異見十七箇条」の出された時期が、従来の元亀三年九月であれば、武田信玄と信長の対立は義昭によってもたらされたものとなり、義昭によって信玄の西上は企図されたことになる。しかし近年主流となった元亀三年末もしくは元亀四年正月説であれば、信玄の西上の開始の段階では義昭と信長の対立は顕在化《けんざい》しておらず、むしろ信玄の西上と信長・家康連合軍の三方ヶ原での敗戦を見て義昭が信長からの離反を決意したことになる。つまり信玄の西上と信長・義昭関係の決裂の因果関係が逆転するのである。

決裂の原因その一――武田信玄の動向

信長と義昭の決裂が決定的になった時期が元亀三年末から翌年初頭であるとすると、その理由は何であろうか。

元亀三年における諸勢力の中で一番大きな影響を周囲に及ぼしたのが武田信玄であろう。元亀三年段階の信玄は、駿河《するが》(静岡県)侵攻を機に断絶していた北条氏との甲相同盟を復活させ、背後の脅威を取り除き、遠江《とおとうみ》(静岡県)・駿河の支配領域を通じて家康と対立を深めていた。

一方で信玄と信長は、信玄の長男・勝頼《かつより》の正室が信長の養女、信長の長男・信忠《のぶただ》の正室が信玄五女の松姫という、強固かつ複雑な同盟関係にあった。また信長を通じて義昭は信玄と上杉謙《うえすぎけん》信《しん》の甲越和与（和睦）を締結させていた。

しかし元亀三年八月、義昭は、当時対立していた信長と本願寺《ほんがんじ》顕如《けんにょ》の和睦を信玄に仲介させる動きを示す。信玄の正室の三条の方の妹は顕如の室《しつ》（妻）であり、仲介者としては最適であった。もっともこれは「五箇条条書」第一条違反でもあった。これは信長にとっては見過ごせないことであり、「異見十七箇条」につながることとなる。

なぜ義昭は信長との約定である「五箇条条書」に違反してまでも信玄を仲介者として選んだのであろうか。久野氏はこの時期に義昭がこれを画策した理由について、信長包囲網を作っていた三好義継《よしつぐ》、松永久秀《まつながひさひで》、三好三人衆の勢力に加え、さらに本願寺までが加われば、信長のみならず義昭も孤立すると考え、それを阻止しようと、本願寺と信長の双方に関係のある信玄に仲介を依頼した、と考えている。

さらにもう一つの理由として信長が敗北した場合に備えるため、信玄に「危険性を分散」した可能性を指摘する（久野：二〇一七年）。信玄は同年十月に入り、信長との対決を決意したと考えられている（谷口：二〇一四年）。

信長は信玄が自分に敵対したことをしばらく知らなかったようである。そのため信玄に対する怒りは凄《すさ》まじく、上杉謙信宛の書状でも信玄に対する怒りを表明している。一方で、上杉謙信宛の書状が出された数日前に徳川家康は、義昭の御内書に感謝の意を示す書状を、義昭の側近に出している（神田：二〇一四年）。

信玄が遠江・三河（愛知県）に侵攻しても義昭と信長の関係は続いていたわけだが、十二月二十八日、信長は、伊達輝宗《だててるむね》宛の朱印状で義昭の「御逆心」に触れ、それをそそのかしたのが朝倉義景と武田信玄と名指ししている（神田：二〇一四年）。

ともあれ、三方ヶ原の戦いが十二月二十二日に、先述の通り家康の敗北に終わると、それを受けて義昭は信長を見限り、反信長包囲網に自らも加わることになったと考えられる。

結果論からいえば信玄は三方ヶ原の勝利の後、一気に三河に侵攻することをせず、遠江に止《とど》まり、年明け以降に野田城（愛知県新城市）を包囲するが、途中の四月、撤退途上に信濃《しなの》（長野県）で急死し、信玄の西上作戦は終了する。

決裂の原因その二――幕臣の分裂

久野雅司氏は幕臣と信長の対立、さらには幕臣の分裂が幕府滅亡の大きな一因になった、としている。義昭の所領政策の破綻《はたん》がその大きな要因であり、元亀三年正月には幕臣の中に公然と信長排撃を主張する上野秀政《うえのひでまさ》がおり、信長と協調しようとする細川藤孝と激論に及んでいた。

また秀政は三方ヶ原合戦後に義昭の使者として信玄のもとに遣《つか》わされ、それ以降信玄に肩入れするようになっていった。久野氏は領地の少なさから不平を募らせた幕臣が義昭に蜂起を進言し、そこに信玄からの讒言《ざんげん》もあって義昭が蜂起した、としている（久野：二〇一七年）。

義昭の所領政策の破綻の予兆は永禄十三年段階にすでに現れていた。「五箇条条書」の第三条には「公儀に対し奉《たてまつ》り、忠節の輩に御恩賞・御褒美《ほうび》を加えられたく候といえども、領中これなきにおいては、信長分領の内をもって、上意次第に申し付くべき事」（幕府に対して忠節を尽くした人物に恩賞・褒美を下されたくなったとしても、幕府に余裕がない場合は信長の所領から上意のままに申し付けるべきこと）とあり、信長の領国から義昭の上意によって幕臣に所領を与えることが定められている。

これは、幕府が幕臣に所領を満足に給付できない場合に他の所領を押領《おうりょう》（侵奪）することを防ぐための、信長の示した方針だったとされている。しかし実際には、義昭がそれを要求することがなかったからか、信長が単なる人気取りのために実行する意思のない条文を入れたのか、議論の分かれるところではあるが、それらは一件も実行されることはなかった。

窮乏した幕臣によって寺社領などを押領された被害者が幕府に訴えても実効性がないため信長に訴える。信長はそれを義昭に申し入れ、結果的にそれが幕臣の信長への不満につながった。一方で義昭の放埒《ほうらつ》な所領政策の中で義昭から恩賞を得られなかった幕臣はこれまた信長を頼り、幕臣の分裂を招くこととなった。これが信長と義昭の対立を招いたのである。信長が義昭に突きつけた「異見十七箇条」のうち第三条、第五条、第七条、第十五条が義昭の所領政策にかかわる条文であることからもこの問題が深刻に捉えられていたことがうかがえる。この点については次項で取り上げる。

「異見十七箇条」は義昭に手を焼いた信長の苦衷の表れ？

義昭と信長の決裂した決定的な契機が「異見十七箇条」と呼ばれる、信長から義昭への激烈な申し入れである。先述した通り従来は信長包囲網を作り上げ、信長への敵対を公然と始めた義昭に対して信長が元亀三年九月に出した、とされてきたが、近年では三ヶ月ほど後の、信長が窮地に陥った後に義昭に対して出されたものとされている。信長からの義昭への決裂の理由である。

「異見十七箇条」は大乗院門跡・尋憲《じんけん》の日記『尋憲記』に載せられている。信長が内容をかなり広く広めたのだろうと考えられている。

第一条と第十条に義昭の対朝廷の姿勢が批判されている。一条で朝廷のことをおろそかにしていることを責め、十条では朝廷の改元要請を無視していることを責めている。

また義昭の行状について、諸国に信長の副状なしに御内書を送っていること（二条）、御物《ごもつ》を退避させ、どこかへ逃亡しようとしている疑いがあること（四条）、喧嘩で死亡した幕臣の刀を取り上げてしまったことについて、世間では欲得ずく、とみなされていること（九条）、烏丸光宣《からすまるみつのぶ》が足利義昭の勘気《かんき》を被《こうむ》った件で、父の光康《みつやす》まで勘気を被ったことについて光康の赦免《しゃめん》

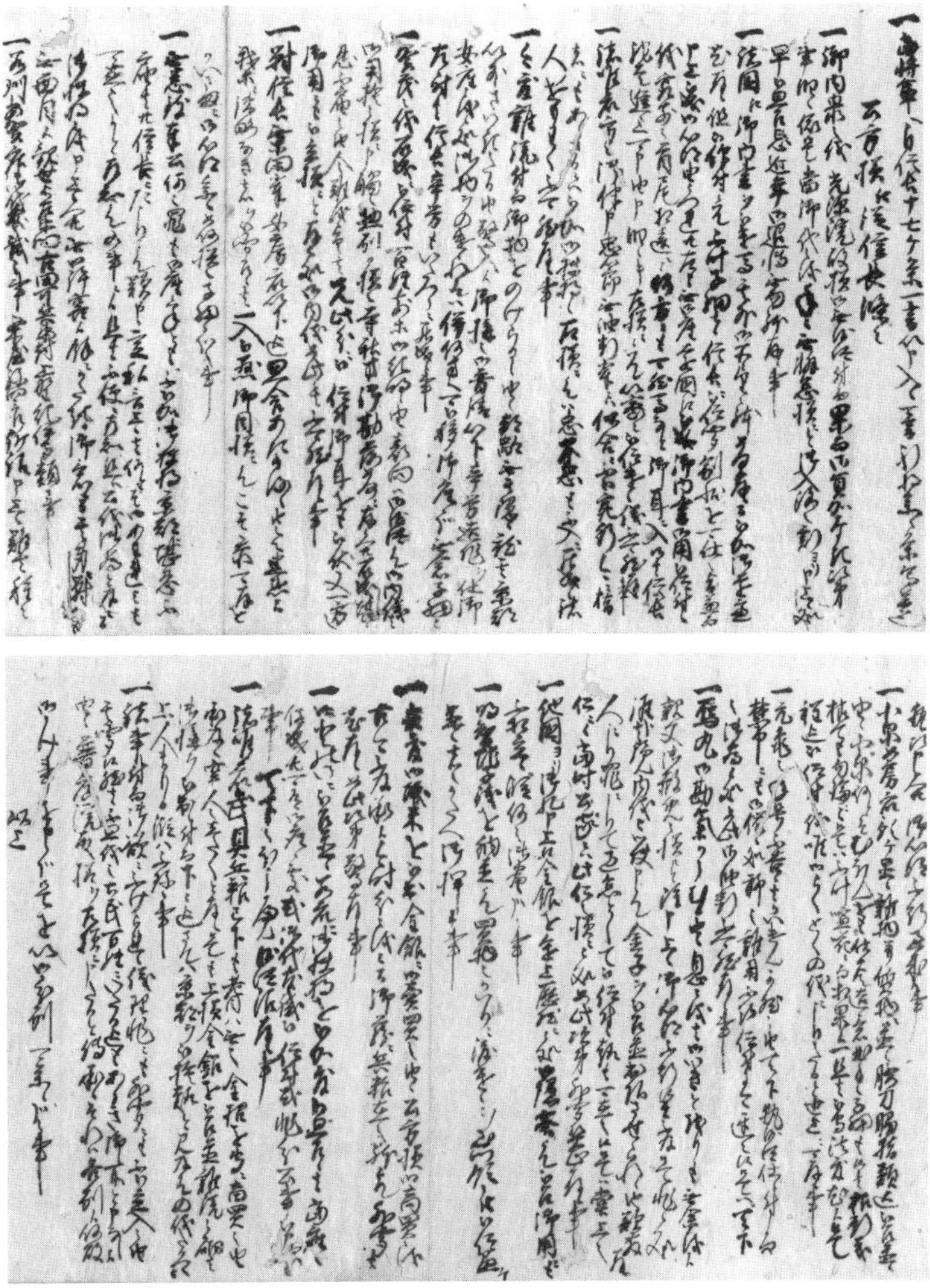

『尋憲記』の記述に見る「異見十七箇条」（国立公文書館所蔵）

を信長が申し入れたものの、義昭がそれを拒否したため信長も処分を受け入れたところ、金子《きんす》を徴収して赦免したこと（十一条）、諸国より献上された金銀を隠してしまっていること（十二条）、兵糧《ひょうろう》米を換金していること（十四条）、兵糧米や武具よりも「財テク」に走っていること（十六条）、強欲のあまり庶民にまであしき御所と言われていること（十七条）、と責めている。

義昭の不当な人事については、信長と親しい人物へのあからさまな冷遇（六条）、若狭安賀荘の代官についても信長がとりなしても相手にしないこと（八条）、明智《あけち》光秀《みつひで》の徴収した地子銭を延暦寺に引き渡したこと（十三条）という信長がらみの不満が述べられている。

所領政策については、忠義を尽くしていても相応の所領が与えられず、大したことがなくても所領を与えられることがあり、忠義・不忠の基準がなくなること（三条）、賀茂《かも》社について岩成友通《いわなりともみち》の賀茂社への違乱については裁定が下されたにもかかわらず、友通の状況を斟酌《しんしゃく》して裁決を無視させていること（五条）、義昭に冷遇された人物を信長がとりなしたのにまったく相手にしないこと（七条）、宿直の若衆に代官職や取次などをさせていること（十五条）が指弾されている。

第一条で足利義輝、第十七条で足利義教《よしのり》という、暗殺された将軍を挙げることで、義昭を牽《けん》制《せい》したあたりも興味深く、義昭の行状については義昭を欲得ずくの人物と印象付けようという信長の方針もうかがえる。

特に所領政策にかかわる部分について、久野氏はそこに義昭政権下における幕臣の分裂を見ている(久野：二〇一七年)。つまり義昭に優遇される幕臣と、義昭に冷遇され信長を頼る幕臣の分裂、また義昭の所領政策によって寺社領などへの権利侵害が行われ、秩序が破壊されていく様子などが描写されている。違乱を行われた側は信長に訴え、結果として信長によって幕臣の自力救済が否定され、幕臣の中に信長に反感を強める者も出現し、あるいは信長を頼る幕臣も出て、先述したように室町幕府滅亡の一因となった、とする。

またこの文書には随所に「外聞笑止」(十一条)「外聞」(十四条、十七条)「世上」(九条)「天下のほうへん(褒貶)」(十五条)という、世間の評判を気にしている表現が見られ、信長の人物像にかかわって非常に興味深い史料である。

追放後も征夷大将軍であり続けた義昭への評価

義昭は元亀四年二月に信長討伐の意思を鮮明にし、それに対し信長は人質を出して義昭の赦免を請う形での和睦交渉を願うが、義昭はそれをはねつけ、両者は交戦状態に入った。京都に進軍した信長は、義昭の御所に近い上京《かみぎょう》を焼き払いつつ恭順の意思を表す形での講和を図っている。信長は正親町天皇の勅命による講和を図り、義昭はそれを受諾して一旦は和睦した。その頃信玄も病死し、信長包囲網は破綻しはじめた。

しかし義昭は七月、京都を抜け出すと槇島城《まきしま》(京都府宇治市)に立てこもり、再度信長と戦う姿勢を示した。信長の攻勢の前に降伏した義昭は三好義継の河内若江城《かわちわかえ》（大阪府東大阪市）に落ち延び、その後畿内を転々とする。その間毛利氏の斡旋《あっせん》で義昭の帰京が話し合われることになるが、義昭が依然として高姿勢で望んだために失敗に終わり、最終的に毛利氏と信長の対立とともに毛利氏に担がれることになる。

一方京都に残った幕臣は京都の本領を安堵され、明智光秀の支配下に組み入れられ、光秀は京都代官として村井貞勝とともに京都支配を行い、幕臣もそこに関与していた、とされてきた。しかし木下昌規氏は信長の京都支配に幕臣が登用された形跡が見られず、信長の京都支配の独自性が見られる、としている（木下：二〇一四年）。

義昭が京都を追放された時期をもって室町幕府は滅びた、とされる。しかし義昭自体は幕府の再興をあきらめておらず、信長打倒を目指して諸大名の糾合《きゅうごう》に勤《いそ》しんでいた。上杉謙信が本願寺と結び、松永久秀、赤井直正《あかいなおまさ》、波多野秀治《はたのひではる》といった畿内の諸勢力も蜂起し、毛利氏も信長包囲網に加わった。この第三次信長包囲網の中核は義昭だった。

室町幕府では将軍が京都を落ち延びた後も諸大名の力を借りて幕政に復帰することがあり、義昭もそれを狙ったものと考えられる。また細川晴元に追われた足利義晴や三好長慶に追われた足利義輝は朽木谷《くつきだに》（滋賀県高島市）で幕府を継続し、やがて帰還した。義昭も備後《びんご》の鞆《とも》（広島県福山市）に落ち延び、引き続き幕府を称している。何よりも彼は征夷大将軍を辞任しておらず、また朝廷も解任していないため、義昭が征夷大将軍であることは変わらない。奉公衆をはじめとした幕臣たちは百人ほど義昭に付き従っていた。

このような義昭を、なおも幕府の主宰者として把握する「鞆幕府」論が藤田達生氏によって提唱されている（藤田：二〇一〇年）。戦国期の室町幕府では京都を抑える幕府ともう一つ幕府が成立することがままあった。足利義稙と足利義澄《よしずみ》、足利義晴と足利義維《よしつな》、足利義昭と足利義栄である。義稙は大内氏の山口に、義維は堺に、義栄は阿波《あわ》（徳島県）に、それぞれ幕府を作り、京都の幕府に抵抗した。それに倣《なら》って藤田氏は信長による安土《あづち》幕府と義昭による鞆幕府が両立していた、と評価する。

この問題を考察するには「幕府とは何か」という問題を考える必要がある。山田康弘氏は将軍とそれを支える諸大名を合わせたものを「広義の幕府」、将軍およびその直属機関を「狭義の幕府」とし、義昭を中核とする反信長勢力を「幕府」と呼んでも差支《さしつか》えがなく、義昭の京都没落をもって幕府滅亡とするのは思考停止である、とする（山田、二〇一七年）。

なお藤田達生氏は「本能寺の変・足利義昭黒幕説」を唱えている。これも「鞆幕府」説の展開であろう。

信長は室町幕府と協調関係を望んでいた

信長はしばしば中世を破壊して新たな時代を切り開いた革命者とされてきた。今でもそのような見方は根強いものがある。その中で信長にとっての室町幕府は傀儡としての利用価値しかなく、義昭が信長に敵対するようになるとあっさり追放した、と考えられてきた。しかし近年室町幕府の研究や信長の研究が進み、両者は相互に依存し補完しあって存在してきたこと、信長は室町幕府の従来のあり方を踏襲し、支えてきたことが明らかになってきた。また信長は最後まで義昭を将軍とすることに固執し続け、義昭にかなり譲歩してきたことも明らかになっている。

現在の研究では信長は室町幕府と協調関係を望んでいたことが明らかにされており、また義昭も信長の単なる傀儡ではなく、室町幕府を信長と協調して再興した優れた政治家であったことが明らかにされつつある。

第二章 実は「信頼関係」で結ばれていた信長と天皇

――天皇を敬い、朝廷を温存しようとした「保守性」

秦野裕介

信長と朝廷との関係――戦前と戦後の解釈の相違

足利義昭《あしかがよしあき》を追放して室町幕府を終わらせた後の織田信長《おだのぶなが》は、自らが天下人として否応《いやおう》なしに朝廷とかかわっていくことになる。

織田信長と朝廷の関係については、戦前は信長による朝儀の復興や内裏《だいり》の修築など、信長が朝廷に対して「勤皇《きんのう》」ともとれる行動をしていたことが言及されていた。戦後になるとそうした見方が一転し、信長の革新的な志向に着目して朝廷の権威を否定しようとした、という考えが広く受け入れられるようになってくる。

信長と朝廷の関係に関する研究として一つの方向性を示したのが、今谷明氏による一連の中世後期の天皇と武家政権のあり方の研究ではないだろうか。足利義満《よしみつ》による皇位簒奪《さんだつ》行為の試みとその挫折について論じた今谷氏は、日本史上最大の革命児といわれた織田信長による朝廷の権威簒奪の試みとその挫折について論じ（今谷：一九九二）、以後の研究は今谷氏の研究をめぐって様々な議論が引き起こされた観がある。

具体的には正親町《おおぎまち》天皇への譲位の強要とそれに向けた軍事的威圧、それに対する正親町天皇の抵抗と勅命《ちょくめい》講和を通じた存在感、信長に屈しなかった正親町天皇の個性とそれによる天皇制度の存続を強調する。

それに対し、近年では神田千里氏、神田裕里氏、金子拓氏、堀新氏らによって織田信長政権のあり方が検討され、信長が朝廷と結んだ関係性が明らかになっていた。具体的には信長は朝廷の権威をむしろ守ろうとしていたことが明らかになりつつあるのである。

その点について本章ではいくつかに項目立てて検討していきたい。

正親町天皇——激動の世の天皇

まずは天下人織田信長の晩年十年間の相手となった正親町天皇について見ていこう。

正親町天皇（一五一七〜九三年、在位一五五七〜八六年）は諱《いみな》を方仁《みちひと》といい、後奈良《ごなら》天皇の第一皇子として生まれる。母は吉徳門院《きっとくもんいん》万里小路《までのこうじ》栄子《えいこ》である。

弘治三年（一五五七）、父帝の後奈良天皇崩御《ほうぎょ》に伴って践祚《せんそ》した。本来天皇は譲位して院政を敷くのが当然であったが、仙洞《せんとう》御所の造営や即位の礼などの費用がかかるため、応仁の乱直前の後花園《ごはなぞの》天皇から後土御門《ごつちみかど》天皇への譲位を最後に途絶えていた。

当時朝廷の財政は急迫しており、正親町天皇も践祚後二年間にわたって即位の礼を挙げられ

正親町天皇肖像
（東京大学史料編纂所所蔵模写）

なかったが、永禄二年（一五五九）の毛利元就《もうりもとなり》からの献納によって翌年に即位の礼を挙げることができた。正親町天皇の場合、二十年間挙げられなかった祖父の後柏原《ごかしわばら》天皇や十年間かかった後奈良天皇よりは恵まれていたといえよう。

この時期の特筆すべき事情として、本願寺《ほんがんじ》法主《ほっす》の顕如《けんにょ》に対し門跡《もんぜき》の称号を与えていることが挙げられる。また正親町天皇の代始改元となった永禄改元は三好長慶《みよしながよし》と相談の上で実施され、それを知らされなかった十三代将軍・足利義輝《よしてる》が激怒したという出来事もあった。

永禄八年（一五六五）、義輝が三好三人衆に暗殺される事件が起こり、三好三人衆らは足利義栄《よしひで》を、朝倉義景《あさくらよしかげ》は足利義昭をそれぞれ擁立《ようりつ》し、朝廷はその解決に乗り出さざるを得なくなる。結局両者を相次いで左馬頭《さまのかみ》に叙任すると、両者に献金を要求して早いほうに将軍宣下《せんげ》を出すこととする。その結果、義栄に将軍宣下ということになったが、支持基盤の三人衆と松永久秀《まつながひさひで》の争いや、自身の病のために義栄は上洛《じょうらく》できなかった。その間に織田信長が義昭を擁立して上洛すると、三人衆は駆逐され、義栄自身も上洛がかなわないまま死去、義昭が将軍宣下を受ける。以後、義昭と信長の二重政権が正親町天皇の相手となる。上洛した義昭は、永禄を改元しようと朝廷に働きかけ、献金によって永禄十三年（一五七〇）を元亀元年と改元する。

朝廷を軽んじたのはむしろ義昭？

元亀年間の朝廷と義昭はいささかその関係性に円滑を欠いたようで、信長が義昭に突きつけた「異見《いけん》十七箇条」（奥野高広『織田信長文書の研究』三四〇号。以下『信』）の第一条と第十条で信長によって義昭の朝廷政策が批判されている。「異見十七箇条」については前章で見てきたが、ここでは朝廷関係にしぼって見ておく。

第一条では「御内裏の儀、光源院殿様御無沙汰に付きて、果たして御冥加なき次第事旧《ことふり》候、これによりて当御代の儀、年々懈怠《けたい》無きようにと御入洛の刻より申し上げ候ところ、早く思し召し忘れ、近年御退転勿体無く存じ候事」（内裏の件、光源院殿様〈足利義輝〉が粗略にしていたため、あのような結果になったことは歴史の物語るところです。これを教訓にして義昭様の代には毎年怠《おこた》らないようにと入洛の時より申し上げましたところ、早々にお忘れになって近年は行われていないのは残念です）と書かれている。

ここで注目したいのは十三代将軍・義輝のことを出していることである。前章では足利義教《よしのり》の例とともに暗殺された将軍として出されているという側面に注目したが、もう一つ、義輝と正親町天皇の間に円滑を欠いたことも要因であったかもしれない。

第十条では「元亀の年号不吉に候はば、改元然るべきのよし、天下執り沙汰仕《つかまつ》り候に付きて、禁中にも御催しのところ、いささかの雑用も仰せつけられず、今に遅々に候。これは天下の御為候ところ、かくの如きご油断、然るべからず候事」（元亀の年号は不吉ですので、改元すべきと天下の人々が取りざたしているので、禁中でも準備していましたところ、いささかの費用を出すこともなく今まで遅れてきました。これは天下のためのものであるので、このような手抜きはよろしくありません）と、改元の要望に応えようとしない義昭の姿勢が批判されている。

「元亀」の元号のどこが不吉なのかは現在のところ明らかではないが、元亀年間に信長・義昭包囲網が結成され、畿内ですら情勢が不安定であったことを考えると、早く改元すべきという意見は信長に限ったものではなかったであろう。現に元亀元年十一月七日には「武家より改元の事申さる」（『御湯殿上日記《おゆどののうえのにっき》』）という記録がある。しかしその後義昭からはなんの音沙汰《おとさた》もなく、元亀三年には再び改元の話が持ち上がり、かなり詳細に詰められたものの、二度にわたって義昭からの費用献上がなかったために改元の話は流れてしまう。

義昭が追放されたのち、「天下」つまり畿内の主宰者は義昭から信長に移る。朝廷は信長に義昭に代わる権力者として期待をし、信長もそれに応えようとする。ここに信長と正親町天皇の交渉が本格的に開始されることになる。

「天正改元」からわかる朝廷への気配り

信長が義昭を追放したのが七月十八日、その三日後には信長は改元を朝廷に申し入れ、二十八日には改元されたことから、信長政権発足のシンボルとされてきた。

確かに『御湯殿上日記』には「信長より改元の事、にわかに申す」（七月二十一日条）とあり、信長から朝廷への急な申し入れであることがわかる。それゆえこの改元は信長が主導で行ったものと考えられてきた側面はある。しかも信長は年号勘文《かんもん》（新年号の候補を記したリスト）を閲覧した上で「天正」を選んだ。このことから「天正」年号は信長を象徴する年号と考えられてきた。

しかし神田裕里氏は朝廷が改元を一貫して働きかけてきた事、「天正」年号も信長の創案ではなく、勘文の閲覧も信長の強制ではないことから、改元には朝廷が武家権力者の正当性を認定する意義がある、として朝廷の役割を評価する（神田裕里：二〇一四）。それに対し金子拓氏は朝廷の役割の大きさを認めることに対し慎重な姿勢を示し、信長の改元は以前より彼が義昭に申し入れてきたことを、義昭を追放したのを機に誠実に実行したと考え、改元そのものよりも信長が自らの使命として「天下静謐《せいひつ》」のための改元を実行したことが重要である、としている（金子：二〇一四）。

両氏の見解には朝廷の役割をめぐって差異はあるものの、信長が自らの政権のシンボルとして改元を朝廷に強要した、という見方ではなく、「天正」改元における朝廷の能動的な関与を認めていることは共通している。

信長と朝廷の関係は「天正」改元においては信長が自分の都合の良いように様々な政策を押し付けるのではなく、信長は朝廷の権威を高めるために朝廷に気を使いながら様々な政策を実行していったというものだったのである。信長政権のスタートの「天正」改元はその後の信長と朝廷の関係を如実に表すものであった。

譲位を望む天皇をサポートした信長

織田信長は足利義昭の追放後、まず天正改元を実現し、天正元年（一五七三）十二月、正親町天皇に譲位の提案を行う――。

と、このように書き出したらあたかも信長が正親町天皇に譲位を強要しているように読めるし、実際にそのように考えられてきたこともあった。実のところはどうだったのだろうか。

今谷明氏は、信長が正親町天皇に譲位を強要し、正親町天皇がそれを拒んでいた、という見方を示し、「譲位することなく天寿を全うしてきたという、立派な先例」（今谷：一九九二）として、当時の天皇は譲位をしないのが普通であり、信長はその先例を破って譲位を強要した、とした。

一方、金子氏は信長宛の正親町天皇の勅書に「後土御門院以来、此のそミにて候つれとも、事ゆき候ハて、御さたに及候ハす候つる」（後土御門院以来、譲位の望みでありましたが、そのまま過ぎてしまって実現できませんでした。〈『東山御文庫所蔵文書』〉）と譲位できない現状を嘆かわしく考え、信長の申し入れを「朝廷の再興の時が到来しました」と喜んでいる文言があることを指摘した（金子：二〇一四）。正親町天皇は譲位を望んでいたのである。

しかし現実には譲位は行われなかった。これについては正親町天皇が信長に抵抗をしていた、とする見方もあるが、金子氏は時間的・経済的・政治的な制約から実現しなかった、と見ている（金子：二〇一四）。信長が申し入れをし、天皇がそれに対する返答を行なったのがすでに十二月、信長は岐阜に帰ることになっており、年末には準備が足らず、また譲位やそれに伴う仙《せん》洞《とう》御所の造営にかかる多額の費用の用意などの問題があった。

何よりも翌天正二年（一五七四）には信長が設置した越前《えちぜん》（福井県）の守護代《しゅごだい》が殺され、その政情不安に乗じて一向一揆《いっこういっき》が蜂起し、武田勝頼《たけだかつより》の軍勢が美濃《みの》（岐阜県）東部に侵入するなど、信長にとっては情勢が安定せず、譲位と新天皇即位という大規模な行事を行うことは現実問題として不可能だった。

天正九年（一五八一）、正親町天皇の譲位の話が再び持ち上がった。正親町天皇はすでに六十六歳と歴代の天皇としても老齢にさしかかっていた。しかもこのころには正親町天皇自身の不予《ふよ》（病気）の記事が出てくる。また正親町天皇はこのころには気力の衰えも出始めていて、重要な局面で儲君《ちょくん》（皇太子）の誠仁《さねひと》親王が代行するケースが目立つようになっている。譲位には好適な時期であった。

三月九日、天皇は信長に女官を派遣し「くわん位の事おほせらるゝ」（官位の昇進のことを仰せられた）ことへの信長の返事が「譲位とともに誠仁親王を践祚《せんそ》させ、即位式を挙げた時に官位のことは受けましょう」というものであった（『御湯殿上日記』）。当時信長は前右大臣《さきのうだいじん》だったので「くわん位」（官位）については左大臣しかない。これはこの直前に朝廷の要望で信長によって開催された大規模な内裏での馬揃《うまぞろ》えへの褒賞《ほうしょう》であろうと考えられている。

それに対して信長からは、左大臣推任を受ける条件として正親町天皇から誠仁親王への譲位が挙げられている。それを受けて三月十一日、天皇の側近が集まって話し合いを持っている（『兼見卿記《かねみきょうき》』）。その年は金神《こんじん》（陰陽道で祀《まつ》る方位の神）の所在が六方ある「六金神」の年に当たっており、しかも誠仁親王の新造御所から内裏はまさに金神の所在の一つである北北東にあたり、金神の忌《い》みに触れることとなった。結局それを受けて譲位は延期されることとなり、同時に信長の左大臣推任も立ち消えになった。

これに関しては次のような解釈が成り立つだろう。まずは信長が譲位を強要し、正親町天皇が必死の抵抗をしている、というものである。「金神」による延期など、現在の我々からすれば考えられない事情であるし、また「合理主義者」の信長がそのような説明に納得するとは思われない、という考えが前提となっているだろう。

それに対して正親町天皇が譲位を望んでいたことを踏まえて信長が実現の後押しをしたが、「金神」の祟《たた》りを憚《はばか》って延期した、とする考え方が近年では主流である。信長にとっては正親町天皇にとっての懸案の譲位が実現しない限り、朝廷から新たな官職を受けるわけにはいかない、というところであろう。

蘭奢待切り取りは朝廷への威圧ではなかった

天正二年三月、奈良に下向した信長は二十八日、東大寺正倉院《とうだいじしょうそういん》を開封させ、蘭奢待《らんじゃたい》を切り取った。蘭奢待とは正式名称を黄熟香《おうじゅくこう》といい、東南アジアから渡来した沈香《じんこう》である。蘭奢待は中に「東大寺」を入れた字を組み合わせた雅名である。

権力者が切り取ってきた事で有名で、足利義満・足利義教・足利義政《よしまさ》の歴代室町将軍も切り取ってきた。それゆえ信長が蘭奢待の切り取りを正親町天皇に奏請したことは、信長が室町幕府の後継者として自らを位置付けた、とされる（今谷：一九九二）。また蘭奢待の切り取りに朝廷は不満を持ち、信長の蘭奢待「拝見」要求という不法に憤っているように読める文書（「蘭奢待香開封内奏状案」）が存在するところから、前年の天正元年に正親町天皇の譲位が実現しなかった事に対する信長の威圧を読み取る研究もある。

しかし近年には金子拓氏が蘭奢待切り取りを朝廷と信長の関係ではなく、信長と大和《やまと》（奈良県）の関係として考察することを主張し（金子：二〇一四）、それを受けた堺有宏氏の研究がある（堺：二〇一七）。

具体的に両氏の研究に従って蘭奢待切り取りの経緯を述べる。

三月二十一日、信長の使者の塙直政《ばんなおまさ》らは信長の意向として蘭奢待の「拝見」（切り取りを含む）の交換条件として東大寺領の安堵《あんど》に向けて尽力することを申し入れている。当然東大寺では受け入れるべきか否《いな》かをめぐって激しい議論が繰り広げられるが、最終的には受け入れざるを得ない、という結論になる。信長が内裏修理や御料所《ごりょうしょ》の整備など「公武御再興」に功績があったため、という認識である。ただあくまでも従来のやり方を守った上で、という条件付きであった。

信長は二十七日に奈良に下向してきたが、三千の軍勢を引き連れてきた。信長は軍勢を厳しく統率し、大和の秩序を守るものであることをアピールしながら、松永久秀から引き渡された多聞山《たもんやま》城に入城、蘭奢待もそこに運び込まれて信長はそれを「拝見」し、東大寺の仏師が二切れを切り取り、その後蘭奢待は正倉院に戻された。

信長らしい性急さが表れているのが、申し入れ後ほどなく実際に奈良に下向してきたことで、もう少しあとだろうと思っていた東大寺はそのことを「不慮」といっており、勅許を求められた天皇も「不慮」と思っていたことがうかがえるが、信長の態度とそれを迎える東大寺側の意識を見るに示威・強圧というものを見るべきではない、というのが近年の研究傾向である。

蘭奢待が朝廷への示威・強圧とみなされてきた背景には、蘭奢待「拝見」という信長の「不法」に対し天皇が憤っているとされている「蘭奢待香開封内奏状案」があった。金子氏はその説明に疑義を持ち、差出人が天皇ではなく後述の三条西実枝《さんじょうにしさねき》であり、実枝の憤りの対象が天皇だったのではないか、としている（金子：二〇一四）。

ここでは信長に対する正倉院開封の勅許を勅書ではなく、藤氏長者《とうしのちょうじゃ》（藤原氏の代表者）の長者宣《ちょうじゃせん》で行おうとしたことが責められている。実枝は天皇が自らの責任を回避するためか、正倉院開封を藤氏長者である二条晴良《にじょうはるよし》や、藤原氏氏寺で大和の守護権を行使していた興福寺《こうふくじ》に行わせようとしたことを「聖武《しょうむ》天皇の御憤り、天道恐ろしいこと」とまで批判している。

先例を重視しない正親町天皇のやり方については、信長にとっても頭痛の種となり、しばしば信長から厳しい叱責《しっせき》を受けることとなる。この点について見ていこう。

信長は朝廷にどこまで介入したのか

ここでは信長が設置した「奉行衆《ぶぎょう》」とその活動を通じて信長が朝廷にどのようにかかわろうとしたのか、という問題を取り扱う。

信長が設置したとされる「奉行衆」とは三条西実枝・中山孝親《なかやまたかちか》・勧修寺晴右《かんじゅじはれすけ》・庭田重保《にわたしげやす》・甘《かん》露寺《ろじ》経元《つねもと》の五人である。のちに三条西実枝が辞任して四人となる。

「奉行衆」が設置されるきっかけになったのが「絹衣相論《けんえそうろん》」である。「相論」とは紛争や裁判沙汰のことである。「絹衣（「きぬころも」とも）」とは生絹《すずし》を織った僧衣である。天台宗《てんだいしゅう》の僧侶が着用するものであったが、常陸《ひたち》（茨城県）で国衆の江戸忠通《えどただみち》が真言宗《しんごんしゅう》の僧侶にも絹衣の着用を許可すると、天台宗が訴訟を起こし、天文二十四年（一五五五）、後奈良天皇の綸旨《りんじ》が出されて真言宗の絹衣着用が禁止されたのである。

ところが天正二年（一五七四）、正親町天皇は後奈良天皇の綸旨をひっくり返し、真言宗の絹衣着用を認めた。天台宗はそれに対し反発し、翌年六月、天皇の義兄弟（新大納言典侍局の兄弟）の上乗院道順が先の綸旨を無効とする綸旨の発給を求めた。その結果、真言宗に絹衣着用を認めた綸旨の発給にかかわった前大納言柳原資定が勅勘《ちょっかん》を被《こうむ》ることとなった。

この混乱の中、長篠《ながしの》の戦いを終えて上洛した信長は「禁裏御儀ども如何辺の取り沙汰、余りに以って正体無しの由、信長申され候はば、五人の奉行相定め候」（禁裏のなさり方について、どこで処理しているのか、あまりにもいい加減である、と信長が申されたので、五人の奉行を定めました。〈『東寺百合文書《とうじひゃくごうもんじょ》』イ函二五五号〉）として、五人の「奉行衆」を設置した。

この五人の「奉行衆」は新たに審理をやり直し、すべての綸旨を破棄《はき》し、今後は本寺の判断とした。つまり朝廷は理非の判断を放棄したのである。

この一連の「絹衣相論」の顛末《てんまつ》は、従来は朝廷の寺社支配に信長が介入したように考えられることもあった（藤井：二〇一一）。しかし伊藤真昭氏の研究以来、むしろ信長には積極的に介入する意思がなかったことが強調されるようになった（伊藤：二〇〇三）。近年の研究は信長が自ら相論に介入したわけではなく、朝廷をサポートするために関与した、とする見方となっている。ただそれについては少し相違があり、公武結合王権を構成するものとして信長が朝廷をサポートして朝廷の正常化を行なった、とする堀新氏の研究（堀：二〇一一）、朝廷は独自に理非の判断を行い、信長は理非の裁定を行わず、朝廷の裁定を実行するという役割分担をしていた、という神田裕理氏の研究（神田：二〇一一）、朝廷の政治の乱れに危機感を覚えた信長による朝廷の手続きの正常化という金子拓氏の研究（金子：二〇一四）がある。

興福寺別当職相論に見る信長と朝廷の関係

信長が朝廷に介入したのか、という問題で考えるべき問題がもう一つある。それは天正四年（一五七六）に起きた「興福寺別当《べっとう》職相論」である。

天正三年（一五七五）十一月、三条西実枝は老齢を理由に「奉行衆」から離脱し、「四人奉行」となる。その翌年、興福寺の別当（寺務の総裁者）職をめぐって大乗院《だいじょういん》前門主（住職）の尋円《じんえん》と権別当《ごんのべっとう》（別当補佐）の東北院兼深《けんしん》が争った。これはもともと興福寺別当の光実《こうじつ》が交替期を迎えたのにもかかわらず、なかなか譲ろうとしなかったことに始まる。

しびれを切らした兼深は天皇に訴え、天皇から光実へ辞退すべきことの勅命まで出たが、今度は大乗院より兼深の動きに異論が出た。理由は、まだ二十八歳と若い兼深が維摩会《ゆいまえ》で行われる学僧の資格試験である論議において論題を選定する「探題《たんだい》」という役職を経ていないので別当の資格はない、ということである。兼深は「探題」を経ないまま別当に就任した先例を挙げて抵抗する。

そこに信長が本願寺《ほんがんじ》攻めの中、上洛してきた。信長は双方の主張を聞くと関白《かんぱく》で氏長者の二条晴良に「近代有り来たるの如く、寺法に任せ、家門として仰せ調えらるべきこと専一に候。自然叡慮を申し掠め、参差の儀候はば、ご意見簡要に候」（『信』一〇九二号）（今までの伝統のように、興福寺の法の通りに、藤原氏一門の長者から命令して調停なさるべきことが最も重要です。当然天皇の意を詐称して混乱を招くようであれば、関白殿下がご意見をなさることが重要です）と求めている。

興福寺の伝統を守る、という興福寺の言い分を全面的に認める信長の意見は、尋円の別当就任を後押しすることになる。これが、一番収拾がつく方法であった。信長はその日のうちに安土《あづち》に帰っていった。信長はこの時よもやこれがひっくり返るとは思わなかっただろう。

天皇に覆された信長の意向

しかし天皇は兼深を別当に就任させることを決定し、信長にそれを伝えた。驚いた信長は興福寺に側近を派遣し、興福寺の意見を聴取すると丹羽《にわ》長秀《ながひで》・滝川一益《たきがわかずます》という重臣を上洛させ、兼深の追放と奉行衆の処罰を決定し、さらに大納言の烏丸光康《からすまるみつやす》と飛鳥井《あすかい》雅教《まさのり》に「禁裏《きんり》御外聞を失わるるの儀に候、さ候えば信長も同前面目を失い候」（禁裏の権威に傷がつきます。そうなると信長も同じように面目を失います。〈『信』補遺一八〇号〉）と、天皇を批判する書状を出している。それを受けて誠仁親王からの返事には次のようにあった。

「東北院旧例候よし申候まま、一端さもと思召、四人さしくだされ候つる、各も一段めいわく申候、毎に南都よりの一書御覧せられ候て、此間御さたの様、御後悔の事候」（東北院兼深が、先例があるということを申しましたままに、ひとまずそうだろうと思し召して、四人の奉行衆を差し下しました。彼らも大変困っていたでしょう。殊に南都よりの申し立てをご覧になって先日の処置を後悔なさっておいでです。〈『東山御文庫所蔵資料』〉）。

　これについて金子拓氏は、「信長の叱責に天皇が目を醒《さ》まし、深く反省している」と評し、また信長との関係に天皇が影に隠れ、誠仁親王が表に出てくる現象にも、「気持ちに恐慌を来して政務を執る状態にはなかったからだとも考えられる」としている（金子：二〇一四）。

　結局兼深は興福寺を追放され、四人衆も蟄居《ちっきょ》に追い込まれた。四人衆はその後蟄居を解かれ、復帰するが、信長はもはや彼らに伝奏《てんそう》以上の役割を任せることはなくなった。兼深は翌年には帰寺を許され、天正十三年（一五八五）、念願の別当に就任する。

　この二つの相論における信長と朝廷の間の交渉を見る限り、信長が朝廷の政治に積極的に介入し、自らに都合よく朝廷を動かしていたとは考えづらい。信長にとって朝廷のあるべき姿は、天皇の権威を保つために従来からの慣行を遵守する裁定が行われるべきであり、天皇の名の下にその慣行が蹂躙《じゅうりん》されることなどとんでもないことだった、と神田千里氏は述べる（神田千里：二〇一四）。

信長と朝廷のあり方をみていると、室町幕府と朝廷の関係を彷彿《ほうふつ》とさせる。室町三代将軍・足利義満が後円融《ごえんゆう》院に圧迫を加え、追い込んだことについては、かつては義満による王権簒奪といわれた。しかし近年の研究では義満は威儀厳重な朝儀を実現すべく、問題のある廷臣を排除していたが、サボタージュ癖のある後円融院も義満によって朝廷の権威を守るべく排除された、ということがいわれている（石原：二〇一五）。

つまり朝廷が誤った方向に向かいそうな時に「武家」がそれを正すのは、朝廷のそばに幕府が置かれた室町幕府以来のことであり、信長も義満と同様に朝廷の過ちを正そうとしたはずのことが、後世からは朝廷に介入し、凌駕《りょうが》しようとしているように見えてしまうのであろう。

信長と勅命講和のパワーバランス

戦国時代、大名相互の紛争を調停していたのは室町幕府であった。足利義輝は紛争調停をかなり積極的に行なっていたことが黒嶋敏氏によって明らかにされている（黒嶋：二〇一二）。義輝の暗殺後、紛争の調停者の役割を背負うことになったのは朝廷であった。信長は積極的に朝廷を調停者として動員した。天皇の命令、すなわち勅命によって講和することを勅命講和という。ここでは信長の時期の勅命講和の事例を検討する。

天皇と軍事の関係については、後花園《ごはなぞの》天皇の時代に復活した治罰綸旨（朝敵を討伐《とうばつ》することを命じた天皇の命令書）をはじめ、決勝綸旨（来るべき合戦に勝つべきことを命じる天皇の命令書）などを検討した今谷明氏の研究があり、その延長線上で信長が天皇の調停に「すがる」という形で信長権力の限界という側面で把握されてきた（今谷：一九九二、立花：二〇〇四）のが九〇年代の研究だった。

それに対し堀新氏はあくまでも軍事権は信長にあり、朝廷は寺社に対する場合に限られた形で停戦に関与するものであって、勅命講和の実行を左右するのは信長の意思であり、信長が一時的な方策として利用していたにすぎないとする（堀：二〇一一）。

一方神田裕里氏は実際の勅命講和の局面で天皇が講和に向けて調停をはかるネゴシエーターとしてはたらいていたこと、交渉のテーブルにつかせる役割や講和条件の内容を保障する役割を果たしていたことを指摘し、天皇も具体的・実質的に関与していたことを明らかにした（神田：二〇一九）。

信長がかかわった勅命講和は五件とされている。元亀元年（一五七〇）の本願寺との講和、同年の延暦寺《えんりゃくじ》・朝倉・浅井《あざい》のいわゆる江濃越一和、元亀四年（一五七三）の足利義昭との講和、天正六年（一五七八）と天正八年（一五八〇）の本願寺との講和となる。五回のうち三回が本願寺との講和となっている。ちなみに永禄十二年（一五六九）の北畠氏との講和は『朝倉記』以外に勅命講和を伝える史料がなく、その頃の天皇や信長の行動から見て、信長と北畠氏の独自の講和と考えられている（堀：二〇一一）。

元亀元年、信長は摂津《せっつ》（大阪府、兵庫県）に挙兵した三好三人衆を討つために摂津に進軍した時に本願寺が三人衆に呼応して挙兵した。この時義昭から正親町天皇に働きかけがあり、天皇は勅使を派遣しようとした。

結果的には勅使は本願寺には到達できず、この講和は失敗に終わった。堀氏は、この講和は義昭の指示に天皇が従ったに過ぎず、主体は義昭であって天皇の関与は限定的であったとする（堀：二〇一一）。一方神田裕里氏は「言いたいことがあれば仰せください」という勅書の文言に注目して天皇が調停者として機能しているとしている（神田裕里：二〇一四）。

天皇は調停者としてどれだけ力があったのか？

二つ目は同年の江濃越一和といわれる浅井・朝倉・延暦寺との講和である。摂津から上った信長は大津に進軍してきた浅井・朝倉軍と対峙《たいじ》するが、延暦寺に彼らが逃げ込んだために延暦寺に対して信長方に付く事、最低限中立を守ることを要求するが、延暦寺は浅井・朝倉に加担した。その中で天皇を仲介した講和が締結されたが、誰が言い出したかについては朝倉義景と信長に分かれている。

今谷氏は追い込まれて天皇の権威にすがった、とするが、堀氏と神田裕里氏はいずれも義昭が主体であるとしている。それに加えて神田氏は天皇が延暦寺を講和に引き込む働きをしていたと評価する。

三回目は元亀四年の対義昭である。同年、義昭は信長への敵対姿勢を鮮明にし、それに対して信長は上京を焼き払って義昭を威圧した。それに対して勅使が派遣され、信長と義昭の講和は成立した。この講和は四ヶ月後には義昭によって破棄され、義昭は京都から追放される。

堀氏も神田裕里氏もこの講和は天皇の自発的行為という点で一致している。ただ堀氏が戦火を避けるための行為であって朝廷の調停権は見出《みいだ》せないとするのに対し、神田氏はかかわるかどうかを主体的に判断して関与していることを指摘した。

四回目は天正六年の対本願寺である。本願寺と信長は戦闘と講和を繰り返しているが、天正年間においては正親町天皇の勅命を受けたのはこれが初めてであり、ここまでは信長と本願寺が独自に講和交渉を行っていた。同年、荒木村重《あらきむらしげ》が信長から離反し、信長が窮地に陥ったことが背景にある。信長は朝廷に勅命講和を申し入れ、朝廷はただちに動いたが、本願寺が毛利の意向を理由に受け入れず、不成立となっている。

これについて堀氏は信長が要請すると朝廷がすぐに動いていることを挙げ、信長の意向に朝廷が左右されていること、あくまでも信長の方便として朝廷は動かされており、一方的な利用に過ぎない、と朝廷の自立性を認めない立場である。

一方神田裕里氏は勅命を奉じることで和睦交渉は最終的には不成立だったものの進展したこと、ここで朝廷は当事者の言い分を聞き、当事者を交渉に引き込む役割を果たしていたこと、講和条件の保障を行う役割があったことを指摘している。つまり勅命にはそれ相応の政治的効果があったのであり、それを単に信長が利用しただけ、と処理することを批判している。

五回目は天正八年の対本願寺である。荒木村重は没落し、信長にとっての情勢がひと段落ついたことが背景にある。三月、勅使は大坂退城を勧告する誠仁親王の書状を本願寺に送っている。これに従い顕如は大坂城を退城したが、顕如の長男の教如《きょうにょ》は徹底抗戦を主張し、勅使が狼《ろう》藉《ぜき》を受けるという事件も起こった。この勅命講和は信長が要請したものと考えられてきたが、朝廷の主体的な動きを評価する見方もある。

堀氏は朝廷の主体的な動きの背景に本願寺宗門断絶の恐れがあったこと、従ってこの講和は軍事調停権とは無関係という見方を示し、また大坂開城は信長の提案であって、講和交渉の主導権は信長にあったこと、天皇が講和条件を保障することもなかったこと、勅使への乱暴が見られたことは、勅使には権威がなかったことを指摘し、天皇の調停者としての機能を認める神田説批判を行っている。

それに対し神田氏は宗門断絶の危機には本願寺が准門跡寺院であったこと、大坂開城が朝廷の意思であったことを主張し、朝廷が交渉で双方の条件を提示していることから、朝廷が名目的な立場ではなく、調停者として実質系な役割を果たしていた、とする。

勅命講和の議論については、天皇を介在させなくとも講和が行われているケースも多々あることから、勅命講和を行う場合、単に天皇の権威を利用した、天皇の権威にすがった、と処理するのではなく、天皇の介在がなぜ求められたのか、ということを考えるべきであり、近年の研究はその点を深めてきたといえる。

天皇譲位を優先、自らの官位には無関心だった信長

織田信長は官位に対してどのような姿勢であったのか。信長の官位についての象徴的な出来事は三職推任問題であり、この研究史は信長の官位をめぐる学問上の議論の整理となる。本項目では信長の官位のあらましと三職推任問題について述べる。

信長は天文二十三年（一五五四）、上総守《かずさのかみ》を称する。四日後にはよく知られた上総介《すけ》に変える。これは上総介を官途名乗り（官職名）に使っていた今川《いまがわ》家への対抗策という見解もある（木下：二〇一四）。その後三介に変え、永禄九年（一五六六）には尾張《おわり》守と称する。永禄十一年（一五六八）には弾正忠《だんじょうのちゅう》を名乗る。

弾正忠は父・信秀の官職であり、代々この官途名乗りを使用していたことから弾正忠家と称

せられることもあるが、信長の場合ここまでの官途はすべて自称である。もっとも自称とはいっても周囲がそれを認めなければ意味がないので、公認されていることも事実である。ただ朝廷の正式な手続きを踏んで任官されたわけではない。公的には信長は長い間無位無官であった。

信長が正式な官位を受けるのは足利義昭没落後である。義昭に代わって天下人となった信長が無位無官というのは朝廷としても交渉するときに困ったものであった。天正二年に従三位《じゅさんみ》参議になった、と『公卿補任』には見えるが、これは実際には天正三年に権大納言《ごんだいなごん》・右大将に任官したときに、建前上参議に任官していたことにしたものとされ、信長の正式な官職の始まりは従三位権大納言兼右大将であった。

基本的に信長は官位については興味が薄く、彼が豊臣秀吉《とよとみひでよし》のように官位を通じて家臣を序列化した例もないことが指摘されている。嫡子《ちゃくし》・信忠《のぶただ》の秋田城介任官も東北北海道までの支配を求めたのではなく、朝儀の復興のために按察使を復活させたもので、そのシナリオは三条西実枝が書いたものと考えられている（金子：二〇一五）。天正四年には正三位《しょうさんみ》内大臣、天正五年には従二位《じゅにい》右大臣、天正六年には正二位右大臣兼右大将となり、これが彼の最終官歴となる。

天正六年三月、信長は右大臣と右大将を辞官する。信長は理由として天下の平定が終わった暁《あかつき》に改めて任官すること、信忠を引き立てて欲しいことを朝廷に申し入れている。

天正九年、朝廷は馬揃えの賞として左大臣推任を持ちかけているが、信長は懸案の正親町天皇譲位を申し入れ、それが実現した段階で左大臣を受けることを表明する。結局譲位は延期され、信長の左大臣任官も流れてしまう。

征夷大将軍に「ならない」信長、「したい」天皇

武田勝頼を滅ぼした信長に対し「太政大臣《だじょう》か関白《かんぱく》か将軍か」に推任するという動きが持ち上がる。いわゆる「三職推任」である。

これについては主体が信長か朝廷か、という議論があり、また本命はどれだったのか、という議論もある。ここでは「三職推任」をめぐる研究を見ていく。

これは、従来は朝廷から信長に将軍任官を打診した、と見られていた。しかし立花京子氏は信長が将軍を強要したものである、とした（立花：二〇〇二）。一方堀新氏は、主体は朝廷であり、何でもいいから推任したと考え、また信長はすべて断っているとしている（堀：二〇一二）。それに対し金子拓氏はこの発言の主は信長の京都所司代《しょしだい》の村井貞勝《むらいさだかつ》であり、あくまでも助言であった、とする（金子：二〇一五）。その上で朝廷は将軍に推任するつもりだったとしている。

話がややこしい原因は史料の読みが難しいことにある。『晴豊公記《はれとよこうき》』天正十年四月二十五日条には、「村井のところに参った。『安土へ女房衆を下して太政大臣か関白か将軍かを推任することがよろしい』という由を申された」とある。この中の発言を誰がしたのか、が見えにくいのである。従来は漠然と天皇が信長に提示したと考えられてきたが、立花氏は「申された（原

誠仁親王肖像
（東京大学史料編纂所所蔵模写）

文では「被申」」という部分の主語を村井貞勝とし、それは信長の意を受けたものとした。

　一方堀氏や神田裕里氏は「申される」の主格を勧修寺晴豊とし、ひいては朝廷の意向を示したものとする。これは助動詞「被」をどう解釈するか、という非常に細かい問題から始まっており、それだけに説明しづらいが、現在では晴豊の「被」の用例から見て必ずしも信長サイドの意向であるとする必要はない、という見解が多数説である。ただ先述のように金子氏はこの発言主は貞勝で、朝廷に対するアドバイスである、としており、結果としては朝廷が貞勝のアドバイスを受けて信長に征夷大将軍を推任したと見る（金子：二〇一五）。

　主体を朝廷として、朝廷は信長をどの官職に推任しようとしていたのかについては将軍説が根強く、太政大臣説もあり、決着はつかない。

　誠仁親王は朝廷の意思として「どの官職であろうと任ぜられて、怠《おこた》りなく勤めることが大事です」と信長に書状を送っており、どの官職でも可能性があるように見えるが、実際には晴豊が「関東を討伐したことはすばらしいことなので、将軍になさるべき、と申しました」と書いていることを見ると、朝廷は征夷大将軍にするつもりだった可能性が高いことはいえるだろう。しかしこれもあくまでも晴豊の意見だといわれれば、そうだというしかなく、現状は確定したことはいえない、ということになるだろう（木下：二〇一四）。

なお三職推任に対して信長がどう考えていたのか、については、この直後に信長が本能寺《ほんのうじ》で横死するため明らかではなく、想像に頼るほかはない。ただ信長の官職への考え方を見る限り、信長は断った、と見る考え方が有力である（渡邊：二〇一九）。

朝廷を活気づけようと行った「軍事パレード」

天正九年（一五八一）正月、信長は安土で派手な馬揃えを行った。馬揃えとは馬を一堂に展示して優劣を競うものである。しばしば軍事パレードとしての色彩もあるが、信長が安土で開催したのは信長自身も美々しく飾り立て、家臣もおもいおもいの装束に身を包み、爆竹を鳴らして馬を駆けさせる趣向のイベントであった。本願寺との講和成立の祝賀という意味もあっただろうと考えられる。この馬揃えには近衛前久《このえさきひさ》（元関白）も参加しており、その噂《うわさ》は京都にまで届いた。信長も京都で開催しようと重臣の明智光秀《あけちみつひで》を責任者に任じている。

朝廷は村井貞勝に馬揃えを京都でも見たいと要請を行ったところ、貞勝も開催のお願いをしようとしていた、と返事があった。この馬揃えが朝廷と信長の双方の思惑《おもわく》が一致して行われたことは注意してよい。

というのはこの馬揃えに関しては、その解釈をめぐって論争があったからである。前述したとおり、馬揃えというものがしばしば軍事的な色彩を持つところから、この馬揃えを、譲位を迫った軍事的威圧と捉《とら》える研究がある（今谷：一九九二、立花：二〇〇一）。この見方は信長と朝廷の間を対立的なものとして考えることから出てきている。

一方、朝廷と信長の協調を見る見方では、この馬揃えは朝廷の要請で行われているのであるから、威圧という目的ではなく、娯楽的な要素を見ることになる。特に誠仁親王の生母にあたる新大典侍万里小路房子《までのこうじふさこ》の死去が前年末だったことで、朝廷内の沈滞ムードの一掃、中でも生母を失った誠仁親王を元気づけるために挙行した、という見方が有力になっている（堀：二〇一一、金子：二〇一四、神田：二〇一七）。

二月二十八日、本能寺を出発した信長一行は七百騎、信長以下飾り立てた武将たちが本能寺から禁裏東庭の馬場まで四キロを行進し、禁裏には正親町天皇・誠仁親王らが桟敷《さじき》に座って信長の馬揃えを見学していた。正親町天皇は非常に喜び、再度の開催を信長に要望した。その結果、三月五日に再度の馬揃えが禁裏東で行われた。天皇や公家衆が揃う中、誠仁親王もお忍びで見学に駆けつけた。

二度の馬揃えは朝廷の要望が強く打ち出されていることがわかる。翌年にも信長は安土で派手な左義長《さぎちょう》（正月十五日に行う火祭り）を挙行しているが、京都では行われなかった。誠仁親王生母の死去後のムードを打破するイベントである以上、翌年に開催する意味はないからである。そしてそれはこの馬揃えが軍事的威圧ではなく、朝廷の事情で開催された一大イベントであったことを示している。

「相思相愛」だった信長と朝廷

信長と朝廷の関係を示す出来事としては他に暦《こよみ》の問題がある。これについては信長が暦作成の権限を朝廷より奪取しようとしていた、という考えから、天下人となりつつある信長が、閏《うるう》月が暦によってバラバラになる天正十年対策として暦の統一を持ちかけたのであって、朝廷と信長の関係をことさらに強調すべきではない、と考えられている（渡邊：二〇一九）。

また正親町天皇への面会を求めるフロイスに対し、「予がいるところでは汝《なんじ》らは他人の寵《ちょう》を得る必要がない。なぜならば、予が皇であり内裏である」（フロイス書簡）というのも、近年では義昭が正親町天皇の勅命を背景に宣教師追放を求める朝山日乗《あさやまにちじょう》に対し、「陛下の問題ではない。それは予の職務に属することである」（フロイス『日本史』）と言ったことと同様の意図であったという考えもある（平井：二〇一七）。そもそも天皇と外国人が会うことはあり得なかった。在位中の天皇が外国人に面会したのは新羅《しらぎ》使と唐《とう》使と面会した光仁《こうにん》天皇が最後であり、上皇も兵庫で宋《そう》商人と面会した後白河《ごしらかわ》院だけである。正親町天皇と宣教師の面会は叶《かな》うはずもなかった。信長は天皇に言いたいことは自分に言えば十分である、と言いたかったのではないだろうか。

信長にとっては、天皇・朝廷は対抗、打倒するべきものではなかった。むしろ権威づけや秩序維持のために有用であった。そのために信長は朝廷の権威を守ろうとした。また朝廷にとっても信長が支えることで存立することができた。両者はお互いに支えあっていたのである。

第三章

家臣団統制に見る「独裁者信長」の虚像

――明智光秀、荒木村重、佐久間信盛……「アメとムチ」の人心掌握

千葉篤志

信長の家臣団形成の背景と尾張時代の信長

尾張守護代《おわりしゅごだい》の有力一族の家に生まれた織田信長《おだのぶなが》は、天文二十一年（一五五二）三月に父・信秀《のぶひで》が死去して家督を継承して以降、敵対勢力との抗争を経て、尾張・美濃《みの》（愛知県・岐阜県）を自己の勢力下に置いた。永禄十一年（一五六八）九月に足利義昭《あしかがよしあき》（室町幕府第十三代将軍・足利義輝《よしてる》の弟）とともに軍勢を率いて上洛《じょうらく》した後は、十五代将軍となった義昭をも駆逐《くちく》し、天正十年（一五八二）六月二日に本能寺《ほんのうじ》の変で死去するまで、その勢力を畿内・北陸・東海・甲信地方・中国地方の約半分にまで拡大させた。

その信長の権力を構成する家臣団については、最初は信長に味方した織田氏一族や柴田勝家《しばたかついえ》、佐久間信盛《さくまのぶもり》のような尾張出身者を中心としていたが、信長の勢力拡大と、前代の慣習に囚《とら》われない信長個人の革新性によって、羽柴秀吉《はしばひでよし》や明智光秀《あけちみつひで》など、身分の低い者や尾張以外の出身者が増員していった。谷口克広氏などによると、信長の家臣団は最終的に連枝衆《れんししゅう》（一族衆）・部将・旗本・吏僚・外様《とざま》衆で構成されているという（谷口：二〇〇五など）。

特に、前代の慣習に囚われない信長の革新性という点が注目された結果、信長の家臣団の掌握の特徴として、後に述べる「越前国掟《えちぜんのくにおきて》」や佐久間信盛に対する覚書（譴責状《けんせきじょう》）の内容、比叡《ひえい》山《ざん》焼討ち・伊勢《いせ》長島《ながしま》（三重県桑名市）や越前（福井県）の一向一揆《いっこういっき》に対する苛烈《かれつ》な対応などに象徴されるように、信長の意向に従わない、あるいは働きが足りない者は、長年仕えてきた宿老や旧来からの権威であっても容赦《ようしゃ》しないことがしばしばあげられる。

このような「絶対的な権力を持つ信長」のイメージの背景として、戦後から一九九〇年代頃までの研究成果により、信長の築いた権力が、最初は他の戦国大名と同様であったが、やがて室町幕府に代わる新たな統一政権となり、信長は江戸幕府の将軍に先行するような権力を持っていたという歴史的意義が解明されたことが関係しているだろう。そして、その信長の家臣団は、信長の権力構造の解明という視点から、個別実証的に研究されてきたが、基本的には信長に従属する存在という前提であった。

信長の死後、側近であった太田牛一《おおたぎゅういち》が信長の事績をまとめて著した『信長公記《しんちょうこうき》』には、信長が幼名である吉法師《きっぽうし》を名乗っていた時期に、一長《いちのおとな》・林秀貞《はやしひでさだ》（新五郎・佐渡守《さどのかみ》）、二長・平手政秀《ひらてまさひで》（中務丞《なかつかさのじょう》）、三長・青山与三右衛門尉《よそうえもんのじょう》、四長・内藤勝介《ないとうかつすけ》の四人が付けられたことが記されている。長《おとな》とは宿老のことであり、そうなると、信長は幼少期から林秀貞を筆頭とする四人の宿老が付けられていたことになる。

四人の宿老の存在、信広《のぶひろ》・秀俊《ひでとし》という二人の庶兄がいるにもかかわらず、幼少期に信秀から弾正忠《だんじょうのちゅう》家の拠点の一つである那古野《なごや》城（愛知県名古屋市）を譲られることをあわせて考えると、信長は生まれながら将来的に弾正忠家を継承する嫡男《ちゃくなん》として位置付けられ、その弾正忠家の継承者を支える存在として四人の宿老が付けられたといえる。そうなると、信長の家臣団は幼少期からそれなりの規模を持って形成されていたのかもしれない。

ところが、信長の尾張時代についての研究が進んだ結果、①信長の同母弟である信勝《のぶかつ》が出した文書に父・信秀の花押《かおう》に似せた花押が使用されていること、②天文二十二年（一五五三）十月から翌二十三年十一月二十二日までの期間に達成《みちなり》（「達」の字は大和守家の通字）と改名して「弾正忠」の官途も使用していたこと（弘治二年の稲生《いのう》合戦後に信成《のぶなり》と改名）、③『信長公記』首巻の記事から信秀死去の直後に弾正忠家の家臣団の多くを信勝が引き継いでいたこと、が指摘された。

これに対して信長も、①自身が出した文書の署名に信秀の仮名である「三郎」を使用して、信秀の正当な後継者であることを主張したこと、②天文二十一年十二月から同二十三年十一月までの期間に「上総介《かずさのすけ》」の受領を使用し、信勝の「弾正忠」に対抗しようとしたこと、③信秀死去の直前に「御被官あらため」を行って、独自の家臣団を形成しようとしていたこと、が明らかになってきた。

そして、これらのことから、信秀の晩年頃に信勝の政治的地位が嫡男である信長と並立する状態になり、信秀が弾正忠家の継承者を明確にしないままに死去したことによって、当時の弾正忠家は、信長と信勝が信秀の権限を分掌するような体制であったことが考察されている。

安定していなかった信長の政治的地位

そのような弾正忠家内部の状況に加えて、駿河《するが》（静岡県）の今川氏《いまがわ》に対する尾張国内の諸領主の外交方針の分裂（親今川氏・反今川氏）、弘治二年（一五五六）四月に信長の舅《しゅうと》で後ろ楯でもあった美濃の斎藤道三《さいとうどうさん》が長良川合戦で敗死したことなど、尾張国外の政治状況も不穏なものであった。

信秀の死後、天文二十二年閏《うるう》正月に二長の平手政秀が自害した。原因は不明で、信長を諫《いさ》めるためとも、外交方針で対立したためともいわれている。天文二十三年十一月には、信長の叔父で弾正忠家一族の有力者でもあり、信長に協力的であった守山城《もりやま》（愛知県名古屋市）主の織田信光《のぶみつ》が急死した。

弘治二年五月末には、信勝の宿老である柴田勝家とともに信勝擁立《ようりつ》を図ったと噂《うわさ》された一長の林秀貞とその弟の林美作守《みまさかのかみ》が信長から離反し、同年八月には信長領であった「篠木三郷《しのぎさんごう》」（愛知県春日井市）を信勝が横領したことを契機に、柴田勝家らとともに信長と戦った（稲生合戦）。

この稲生合戦は信長の勝利で終わり、戦後に信勝・勝家・秀貞らは赦免《しゃめん》されたが（美作守は戦死）、その後、信勝は再度信長への謀反《むほん》を画策した。しかし、今度は柴田勝家が信長に信勝の謀反を通報したため、永禄元年（一五五八）十一月二日、信長は信勝を清須城《きよす》（愛知県清須市）に呼び出して殺害した。

のちに広大な領域権力を形成する信長であったが、その初期は弾正忠家の嫡男でありながら、尾張国外の政治情勢・信秀晩年における不明瞭な後継体制・信勝をはじめとする弾正忠家一族や他の尾張織田氏一族との抗争により、その政治的地位は決して安定したものではなかった。信秀晩年の信長による「御被官あらため」や、百姓出身の羽柴秀吉、他国出身の滝川一益《たきがわかずます》と明智光秀の登用に見られる独自の家臣団編成は、信長の尾張時代の権力の不安定さに起因していたともいえるだろう。

精鋭集団・黒母衣衆と赤母衣衆

信長の独自の家臣団編成に関して、信長の馬廻《うままわり》や小姓《こしょう》から選抜されたメンバーで構成する黒《くろ》母《ほ》衣衆《ろしゅう》・赤母《あかほ》衣衆《ろしゅう》という集団がある。この集団の存在を示す史料は、「高木文書」という古文書群にある、渥見刑部丞《あつみぎょうぶのじょう》（曾干）が作成した「書出」である。

この「書出」の記載によると、メンバーは次の通りである

黒母衣衆：河尻秀隆《かわじりひでたか》（与兵衛）、中川重政《なかがわしげまさ》（八郎右衛門、織田駿河守）、佐々成政《さっさなりまさ》（内蔵助、陸奥守）、津田盛月《つだもりつき》（隼人正、織田左馬允）、毛利良勝《もうりよしかつ》（新助）、平井久右衛門《ひらいきゅうえもん》（平井久左衛門）、伊《い》藤武兵衛《とうぶへえ》、水野帯刀《みずのたてわき》、松岡九郎次郎《まつおかくろうじろう》、生駒正ノ助《いこましょうすけ》

黒母衣衆に後から入った衆：蜂屋頼隆《はちやよりたか》（兵庫）、野々村正成《ののむらまさなり》（三十郎）

赤母衣衆：前田利家《まえだとしいえ》（又左衛門）、浅井政澄《あざいまさずみ》（新八）、木下雅楽助《きのしたうたのすけ》（織田薩摩守、津田盛月の弟）、伊藤長久《いとうながひさ》（清蔵、武兵衛の弟）、岩室長門守《いわむろながとのかみ》、山口飛騨守《やまぐちひだのかみ》、佐脇良之《さわきよしゆき》（藤八、前田利家の弟）、毛利長秀《もうりながひで》（河内守）、飯尾尚清《いいおひさきよ》（茂助）、長谷川橋助《はせがわきょうすけ》

赤母衣衆の欠員により後から入った衆：福富秀勝《ふくずみひでかつ》（平左衛門）、塙直政《ばんなおまさ》（九郎左衛門、原田備中守）、渥見刑部丞、金森長近《かなもりながちか》（五郎八、刑部卿法印）、猪子一時《いのこかずとき》（次左衛門）、織田越前守《えちぜんのかみ》、加《か》藤弥《とうや》三郎《さぶろう》

母衣（幌、保侶・武羅）とは、戦場で使う武具で一枚の布で、鎧《よろい》の背に付けて馬を走らせると、風をはらむ形となり、流れ矢を防ぐ効果があるといわれている。この母衣を多く使用したのが、戦場で主将の命令を伝達する使番であった。そのことから、母衣衆といえば使番のことを指し、さらにその役目の重要性から、母衣衆のメンバーは家臣の中でも特に武勇に優れている者を指すことになった。

信長の黒母衣衆・赤母衣衆の具体的な活動については、「高木文書」の「書出」以外に明確な史料が現時点では発見されていない。しかし、その「書出」に前田利家や佐々成政など、のちに信長から領域支配を任される家臣の名前が記載されていることや、『当代記』にある母衣衆のメンバーが「書出」と一致するところが多いことから、断定することは難しいものの、家臣の中でそのような役目を担ったことで有名だった者が何名かいたことは確かであろう。

京都周辺の政務における家臣

尾張国内で一族や反信長勢力と抗争を繰り広げながら、次第に尾張を掌握していった信長は、永禄三年（一五六〇）五月の桶狭間《おけはざま》合戦の勝利、永禄十年八月の稲葉山《いなばやま》城（岐阜県岐阜市）の攻略によって、尾張・美濃を支配する領域権力に成長した。なお、この美濃攻略に際して、美濃三人衆と呼ばれた美濃西部の有力領主である稲葉良通《いなばよしみち》（一鉄）・氏家直元《うじいえなおもと》（卜全《ぼくぜん》）・安藤守就《あんどうもりなり》（伊賀守就）を調略して（同時期に信長に付いた不破光治《ふわみつはる》を加えて四人衆とすることもある）、信長側に引き入れている。

そして、越前（福井県）の朝倉氏から足利義昭を美濃に迎えた信長は、永禄十一年九月に義昭の上洛に供奉《ぐぶ》する形で、京都を目指して岐阜を出発した。途中で、義昭と対立する三好三人衆と手を組んでいた観音寺《かんのんじ》城（滋賀県近江八幡市）の六角《ろっかく》氏を撃破し、同年十月に京都へ入った。

義昭とともに京都へ入った信長は、軍勢の不法行為などを禁止した禁制や京都周辺の禁裏領・公家領・寺社領の領有を認める書状を発給して、京都周辺の政情安定に努めた。

この時に、信長の命令を受けて複数の家臣が連名で署名した書状がいくつか確認されている。いくつか事例をあげると、永禄十一年十月十二日に京都周辺に宛てたと考えられる禁制写（『武家事紀』中巻所収文書）では柴田勝家・坂井政尚《さかいまさひさ》・森可成《もりよしなり》・蜂屋頼隆、年未詳（永禄十二年か）三月二日に摂津《せっつ》の多田院《ただのいん》（兵庫県川西市）に宛てた軍用金供出を免除する書状（多田院文書）では、信長の家臣である佐久間信盛・坂井政尚・森可成・蜂屋頼隆・柴田勝家、三好三人衆と対立して足利義昭に付いた三好義継《みよしよしつぐ》の家臣である野間長前《のまながさき》・結城忠正《ゆうきただまさ》、同じく三好三人衆と対立する松永久秀の家臣である竹内秀勝《たけうちひでかつ》、足利義昭の直臣である和田惟政《わだこれまさ》の名前が見られる。

同様に、年未詳（永禄十一年か）で十二月十六日に松永久秀に宛てた今井宗久と武野新五郎の公事（訴訟）についての書状（坪井鈴雄氏所蔵文書）では、信長の家臣である木下秀吉（羽柴秀吉）・中川重政・坂井好斎、足利義昭の直臣である和田惟政、年未詳（永禄十二年か）で四月十六日に立入宗継《たてりむねつぐ》に宛てた禁裏領の山国荘（京都府京都市、丹波の宇津頼重に押領されていた）の領有を認めた書状（「立入宗継文書」）では、木下秀吉・丹羽長秀・中川重政、当時は足利義昭の直臣であった明智光秀の名前が見られる。

なお、永禄十三年（元亀元年、一五七〇）三月二十三日付で曇花院《どんげいん》領の大住荘三ヶ村の百姓に宛てた書状案（内閣文庫所蔵「曇花院殿古文書」）でも、秀吉・長秀・重政・光秀が連名で署名している。

これらの史料から、永禄十一年後半から永禄十三年前半までの間に、信長の京都周辺の政情安定化に務めた主な家臣は、佐久間信盛・坂井政尚・森可成・蜂屋頼隆・柴田勝家のグループと木下秀吉・丹羽長秀・中川重政のグループの二つに分かれていたといえ、義昭の直臣で信長と比較的早くから接近していた明智光秀は秀吉以下のグループに入っていたといえる。

このうち、坂井政尚と森可成は元亀元年後半における浅井・朝倉軍との戦いで戦死、中川重政は元亀三年に柴田勝家との所領紛争に敗北して没落するが、この頃に後の方面軍（一定の地域の軍事を担当する家臣団）や織田領国内の領域支配担当の萌芽《ほうが》ともいえるものが形成されていた。

日本各地に進出する「方面軍」とその指揮官

信長は上洛して以降、足利義昭と手を組んで敵対する勢力を次々と撃破していき、ついには室町幕府の将軍である足利義昭をも駆逐して、畿内を中心に広大な領域を支配する一大勢力に成長した。このような支配領域の拡大と敵対する周辺勢力との抗争に対応するために、信長は各地に家臣を派遣して領域支配と軍事を担当させた。やがて、このような家臣達は方面軍ともいえるような集団となっていった。

この方面軍の中心で指揮官とも呼べる政治的地位にあって、担当する領域支配の範囲も一国以上に及ぶ家臣として、柴田勝家・羽柴秀吉・佐久間信盛・明智光秀・丹羽長秀・滝川一益があげられるであろう。

北陸方面軍の中核である柴田勝家は、越前一向一揆の平定後の天正三年（一五七五）九月以降に越前八郡の支配を任され、北庄《きたのしょう》城（福井県福井市）を拠点とした。その後、一向一揆や越《えち》後《ご》の上杉《うえすぎ》氏と抗争を繰り広げながら、加賀（石川県）・能登・越中を平定していき、与力《よりき》であった前田利家が能登（石川県）、佐々成政が越中（富山県）の支配を担当するようになった。加賀は当初は勝家ではなく簗田《やなだ》広正《ひろまさ》（別喜右近《べっきうこん》）が攻略を担当していたが、広正が一向一揆勢の反撃にあって失敗したため、広正を救援した勝家の担当となり、のちに勝家の甥《おい》の佐久間盛政《もりまさ》が尾山城（石川県金沢市）に入った。

中国方面軍の中核である羽柴秀吉は、元亀年間から安芸《あき》（広島県）の毛利氏との外交を担当し、天正五年十月後半に信長から播磨《はりま》（兵庫県）平定を命じられると、以前から織田方に付いていた小寺孝高《こでらよしたか》（黒田官兵衛《くろだかんべえ》・如水《じょすい》）の居城である姫路城（兵庫県姫路市）に入った。その後、毛利氏との抗争を繰り広げながら、但馬《たじま》の竹田城（兵庫県朝来市）に弟の羽柴長秀（秀長）を入れ、備前《びぜん》、美作《みまさか》（岡山県）・因幡《いなば》（鳥取県）・淡路《あわじ》（兵庫県）を攻略し、本能寺の変直前までに伯耆《ほうき》（鳥取県）・備中《びっちゅう》（岡山県）にまで勢力を伸ばした。

佐久間信盛は、信長が若年の頃から仕え、天正四年五月以降は大坂本願寺《おおさかほんがんじ》攻めを担当する大坂方面軍の中核となり、天王寺城《てんのうじ》（大阪府大阪市）に入った。これ以降、信盛の配下として、三河《みかわ》（愛知県）の高木清秀《たかぎきよひで》、尾張の梶川高盛《かじかわたかもり》・島信重《しまのぶしげ》・島一正《かずまさ》・水野忠重《みずのただしげ》・水野守隆《もりたか》、近江《おうみ》の永原重康《ながはらしげやす》・進藤賢盛《しんどうかたもり》・池田景雄《いけだかげかつ》・山岡景宗《やまおかかげむね》・青地元珍《あおちもとたか》、大和《やまと》（奈良県）の松永久秀・松永久《ひさ》通《みち》・箸尾為綱《はしおためつな》、河内《かわち》（大阪府）の若江三人衆（池田教正《いけだのりまさ》・野間長前・多羅尾綱知《たらおつなとも》）、和泉《いずみ》（大阪府）の松浦肥前守《まつうらひぜんのかみ》・寺田生家《てらだなりいえ》・真鍋貞友《まなべさだとも》・宮崎鎌大夫《みやざきかまだゆう》・沼間任世《ぬまにんせい》、紀伊《きい》（和歌山県）の保田知宗《やすだともむね》の名前が見え、総勢七ヶ国から与力を付けられている大規模な方面軍であった。

　信長が若年の頃から仕え、各地の合戦に従軍していた丹羽長秀《にわながひで》も、天正元年後半から若狭《わかさ》（福井県）の支配を担当するようになり、天正十年五月には織田信孝《のぶたか》（信長の三男）を総大将とする四国方面軍の副将として従軍する。軍事面のみならず、安土《あづち》城（滋賀県近江八幡市）普請《ふしん》の総奉行に就任するなど政務面の活躍も見られる。勝家や秀吉が各方面軍の中軸となり、古参の信盛が追放された後に、長秀が信孝の四国方面軍に編成されたことは、それだけ信長にとって長秀が重要な人材であったことがうかがえる。

　明智光秀は、先述のように足利義昭の直臣の中で早くから信長に接近していた人物で、義昭が京都から追放されて以降は、信長に仕えて主に丹波《たんば》（京都府、兵庫県）方面の攻略を担当した。その家臣団には、京都近郊の在地領主層や室町将軍の直臣だった者が多く、同じく室町将軍の直臣であった長岡藤孝《ながおかふじたか》（細川《ほそかわ》藤孝。のちに丹後支配を担当）や信長から摂津支配を任されていた荒木村重とは子女同士を婚姻させ、また、大和支配を担当した筒井順慶《つついじゅんけい》を軍事面において配下としたことなどから、畿内方面軍ともいえるような集団が形成されていた。

滝川一益は、天正十年三月に甲斐《かい》（山梨県）の武田氏が滅亡した後に、上野《こうずけ》の廏橋城《うまやばし》（群馬県前橋市）に入り、信長から関東の仕置を任され、関東の諸領主達も一益と接触を図っていく。しかし、同年六月に勃発《ぼっぱつ》した本能寺の変によって、反旗を翻《ひるがえ》した小田原北条《おだわらほうじょう》氏の軍勢と戦って敗北し（神流川《かんながわ》合戦）、一益も本領である伊勢長島へ撤退した。これにより、織田氏の関東支配は挫折した。

このような方面軍形成の原形として、元亀年間から始まる近江国内の反信長勢力との抗争における武将の配置があげられるであろう。すなわち、元亀元年四月に北近江の浅井長政《ながまさ》（小谷城主）が信長から離反したことにより、越前の朝倉氏攻めから京都へ帰還した後に、近江の織田方の各郡に家臣を以下のように配置した。

森可成→志賀《しが》城・宇佐山《うさやま》城（滋賀郡。ともに滋賀県大津市）
佐久間信盛→永原《ながはら》城（野洲《やす》郡。滋賀県野洲市）
柴田勝家→蒲生《がもう》郡長光寺《ちょうこうじ》城（蒲生郡。滋賀県近江八幡市）
中川重政→安土城（蒲生郡と神崎郡の境界に位置する。信長の安土城とは別。滋賀県近江八幡市）

のちに、森可成の戦死、中川重政の追放、浅井氏の滅亡、柴田勝家の越前移封、そして信長による安土城の建設などにより、犬上郡の佐和山城《さわやま》（滋賀県彦根市）に丹羽長秀、坂田郡の横山城（滋賀県長浜市）に羽柴秀吉（浅井氏滅亡後は長浜城）、高島郡の大溝城《おおみぞ》（滋賀県高島市）に磯野《いその》員昌《かずまさ》（浅井氏家臣で後に織田氏に降る）・織田信澄《のぶずみ》（信長の甥《おい》。天正六年二月に員昌が出奔した後に入る）、坂本城（滋賀県大津市）に明智光秀が入るなど、武将の配置変更や信長の直轄領への編入もあるが、方面軍の形成に際して、先の永禄十一年から翌十二年までに見える書状の連署者と、元亀年間に琵琶《びわ》湖東岸から南岸における武将の配置（のちに北岸・西岸にも及ぶ）は、関連性を持ったものと考えてよいであろう。

織田政権の「一職支配」は絶対的権力体制を意味しない

以上のように、信長の家臣達は、信長の領域が拡大するごとに各地に派遣されていったが、柴田勝家などに代表されるように、信長は派遣した家臣に一定の権限を与えて、領域支配を担当させ、その範囲は一郡規模から一、二ヶ国まで様々であった。この構造は、織田政権の権力構造を示すものとして研究上で重視され、史料上の単語にちなんだ概念用語として「一職《いっしき》支配」と呼称される。

織田政権の一職支配の重要性を指摘した脇田修氏の研究によると、一職支配は足利義昭を京都から追放した天正元年以降から見られ、前代の室町幕府における守護の権限を継承し、家臣に軍事や行政についての一定の広域な裁量権（一職支配権）を与えられるものの、最終的な決定権はあくまでも信長にあるとしている。

つまり、土地の支配に関しては、ある地域の中で信長の直轄領や一職支配権者（一職支配の権限を与えられた者）の所領、従来からの在地支配を認められた土地は存在するが、その領有については最終的に信長が決定し、軍事面においては、一職支配権者が管轄する地域内の武将は、その統率下に入るものの、武将は一職支配権者の与力として軍事統率に従っているだけであって、両者に主従関係はなく、武将はあくまでも信長に対してのみ主従関係があるということである（一職支配権者に直接従っている家人などは除く）。

このような信長による一職支配についての理解から、従来の研究では、織田政権は前代とは違って、強力な権力をもって土地や人を絶対的に支配する権力体であると考察されてきた。これは、信長以前の中央政権である室町幕府が守護大名によって地方支配を委任する連合政権であったこと、土地制度である荘園制が一つの土地に複数の所有権が存在していたことと比較して、信長の先進性、引いては信長を他の戦国大名より抜きんでた存在と位置付ける意味を持つようになった。

しかし、特に二〇〇〇年代以降の織田政権の研究・畿内の戦国大名研究・室町将軍の研究の進展により、織田政権の絶対的な権力体制に疑問が呈されるようになり、これを受けて一職支配に関する評価も変化を余儀なくされているといえる。

ここで一職支配を示す史料用語である「一職」が見られる史料をいくつかあげる。
「江北浅井一職進退に羽柴秀吉」（『信長公記《しんちょうこうき》』）
「城州の内、桂川を限る西の地の事、一職に申し談じ候」（細川家文書、細川藤孝宛）
「当国（能登国）一職に仰せ付けられる間」（能登国古文書、前田利家印判状写）
「荒木（村重）は（中略）、摂津国一職に仰せ付けられ」（『信長公記』）

これらの事例などから、織田政権の一職支配の存在と、信長による土地と人の絶対的な支配が行われていたと考察されてきたが、従来の研究は「一職」を与えた信長を焦点としていたため、信長が自己の領域をどのように支配していたかを解明する点から、「一職」について考察されてきたといえる。確かに、「一職」を与える主体が信長なので、考察の中心がそのようになるのは当然である。

だが、近年の戦国大名研究の進展によって、織田政権の領域支配の研究を行った結果、信長が前代とは異なる絶対的な権力によって領域支配を行ったとはいえず、むしろ他の戦国大名と同様に一定の権限を家臣や「国衆《くにしゅう》」と呼ばれる自立的な諸領主に委任していたと考察されている（戦国史研究会：二〇一一）。

また、最近の織田政権に関する研究動向として、信長の権力構造の実態分析をさらに進める意味で、信長の家臣の個別実証研究や安土城下への集住という観点から織田家臣を分析した研究成果が見られる。もちろん、家臣の研究が今まで皆無だったというわけではないが、信長の絶対的な権力体制が見直されている近年にあっては、さらなる実証分析の積み重ねはより重要であろう。

強権的支配を示すだけではなかった「越前国掟」

先述した前代とは異質な信長の絶対的な権力による支配体制、あるいは信長の集権的な家臣団掌握を象徴する代表的な事例の一つとして、天正三年（一五七五）九月に、信長が不破光治・佐々成政・前田利家（この三人で越前府中を含む今立《いまだて》郡・南条郡の支配を担当したことから府中三人衆ともいわれる）に宛てた「越前国掟」があげられる。

まず、九箇条の内容を簡潔に示すと、次の通りである。

① 越前国内において不当な課税を禁止する。差し当たる理由で課税する場合は、我々に相談し、それに従って課税の可否を申し出るように。

② 越前国内において所領を安堵《あんど》した諸侍を自分勝手に扱うことを禁止する。何においてもまずは丁重に扱い、そうはいっても帯紐を解くように緩やかにしてはならない。越前国内各地の要害を重視して、厳重に領地を与えるように。

③ 裁判は公正に執行し、贔屓《ひいき》や不公平な裁決を出すことを禁止する。もし、原告と被告の双

方の訴訟が止まない場合は、雑掌（裁判に関する用務を担当する者か）を我々の所に派遣して相談し、決着を付けるように。

④ 越前国内にある京都の公家領（寺社領も含むか）については、今回の争乱前に実効支配されていた土地については、信長の朱印状に基づいて返還するように。ただし、処置については原則がある。

⑤ 織田氏領内では関所を廃止したので、越前国内も同様にすること。

⑥ 越前のような大国を預け置くことは、すべての点において気配りを行ない、油断があってはならない。第一に武芸を重視して、武具や兵粮について熟知し、五年や十年ぐらい堅固に支配できるように分別を付けることは当然である。所詮は、欲を捨てて決められた年貢や課税を徴収することを考えるべきであり、子供（自分の子息あるいは寵童《ちょうどう》か）を寵愛《ちょうあい》して、手猿楽・遊興・見物などは停止するべきである。

⑦ 鷹狩《たかがり》は禁止する。ただし、足場を見るためには問題なく、そうでなければ無用である。子供（大名の子息か）が鷹を使うことについては問題ない。

⑧ 領内の人数にもよるべきものであるが、給人《きゅうにん》（主人から土地あるいは土地の支配権を与えられた人）がいない土地が二、三ヶ所ある場合は、忠義のある者の人数によって、それぞれ土地を与えるように。いくら武芸に励んでも、恩賞として与える所領がないと諸人に見られては、勇敢さも忠義も浅くなってしまうことを分別すべきことが重要である。給人を置かない

間の所領は直轄領とするように。

⑨　新たな子細が生じても、何事も信長に申し出ることが重要である。そうであっても、信長の命令に対して無理・非法なものと思いながら口先だけの申し出をしないように。そのような差支えがある場合は、何事も弁明するように。こちらに聞き届け次第、弁明の趣旨に従うようにする。兎《と》に角《かく》、我々を崇敬し、我々の背後の影であっても仇に思わないように。我々がいる方へは足を向けないような気持ちが重要である。そういう気持ちであれば、侍として神仏の加護を受け、末永く生きられると思うので、その分別が重要であること。

そして、九箇条の後には、次のような一文がある。

・越前国のことは柴田勝家の裁量に多く任せる。両三人（不破光治・佐々成政・前田利家）を柴田勝家の目付として、今立郡・南条郡の支配を申し付ける。（支配における）善悪を柴田の方から信長へ報告するように。互いに磨き研鑽《けんさん》を積むような分別を第一に心掛けるように。手加減することは道理に反することである。

この掟《おきて》は、天正元年八月に越前の朝倉氏を滅亡させた後に、天正二年正月に越前一向一揆が蜂起し、翌三年八月に平定したことを受けて、改めて織田氏の新領国となった越前国を支配する際に守るべき九箇条の掟を定めたものである。『信長公記』に掲載されているものをはじめ、多くの写しが存在していることから、原文書ないしそれに近い史料は存在したはずと推定される。

宛先が府中三人衆宛になっているが、「越前国のことは柴田勝家の裁量に多く任せる」という部分から、間接的に柴田勝家に宛てたと考えられる。また、この部分から織田氏宿老である柴田勝家を越前の領域支配の担当者（一職支配権者）としたことを示しているとされる。条文の中の「我々」は二人称であるが、これは「信長を含めた織田氏全体」のことを指しており、実質的に信長のことを指していると考えられる。

従来の研究では、掟の九条目の傍線部が注目され、それが信長の強権的な支配を象徴しているとして重視されていた。しかし、条文の内容に注目すると、越前国内の所領宛行《あてがい》（領地を与えること）・裁判・課税に関する注意、武芸や兵糧《ひょうろう》などの入念な準備、鷹狩の禁止など領内支配に関する注意事項、不測の事態や新たな問題が発生した場合に必ず信長へ相談することの義務付けが中心である。

また、信長の北陸方面の領域支配を再検討した丸島和洋氏の研究成果によると、信長の主導性は織田領国編入時の所領の安堵と宛行に限定され、柴田勝家や前田利家などが領域支配を担当して以降は信長の朱印状は発給されておらず、領域支配は概《おお》ね委任されていたとし、越前国掟は天正三年九月段階の大まかな方針であり、その後の支配状況は変化していることが指摘されている（丸島：二〇一一）。

このように越前国掟による信長の強権性は現在の研究では見直されている。国掟が出される以前の越前の政治状況を見ると、朝倉氏滅亡後に前波《まえば》長俊《ながとし》（桂田長俊）ら朝倉氏旧臣に地域支配を委任したものの、それに不満を持った一向一揆が勃発《ぼっぱつ》し、その鎮圧に織田軍の総力をあげて約一年半の時間を費やしている。九条目の傍線部は、そのような経緯があった上の表現で、むしろ信長の領域支配の再編成に対する強い意思を反映しているともいえるのではないだろうか。

佐久間信盛の追放から見える信長の政権維持

信長の強権性を語る上で有名な事件の一つとして、天正八年八月に起きた佐久間信盛の追放があげられる。そして、この事件を語る史料として有名なのが、信長が信盛に宛てた自筆の十九箇条に渡る覚書（譴責状）である。『信長公記』以外にも写しがあり、原文書は不明だが、越前国掟と同様の史料が存在していると推定される。

十九箇条にわたる長大な内容であるが、その内容を簡潔に示すと次の通りである。

①　佐久間信盛・信栄《のぶひで》父子は、天王寺城に五年間いて何の働きもなく、世間も我々も不審に思

っている。

② 信長が思うに、大坂の本願寺が大敵と見て武力を使わず、調略も行わず、ただ城を堅固に守っているだけで、信長の出陣によって片を付けようと考えているに違いないが、そういう時こそ一戦交えて勝敗を付ければ、織田軍全体のためでもあるのに、明らかにその分別がない。

③ 丹波では明智光秀が勲功を挙げ、羽柴秀吉も比類なき勲功があり、小身ながら池田《いけだ》恒興《つねおき》も花熊の攻略で目覚ましい功績をあげたように、佐久間父子も勲功をあげるべきである。

④ 柴田勝家は他の戦功を聞いて、越前一国を支配しながら手柄をあげていないのはよくないと思い、今年の春に加賀を平定した。

⑤ 武芸が未熟なら敵の調略を行ない、不足があるなら我等に報告すればいいのに、五年間一度も報告がない。

⑥ 保田《やすだ》（知宗《ともむね》。信盛の与力）について、先日の保田からの注進状で一揆（一向一揆か）の攻略においては小城の大半を退散させればいいとあり、それに佐久間父子の連判もあったが、事前に連絡もなく突然送り付けてきたのは、自分の責任を逃れたいために、あれこれ言い訳しているのではないか。

⑦ 信長の家中では、三河・尾張・近江・大和・河内・和泉・紀伊の七ヶ国に与力がいるほどの格別な大身で、その上に自分が召し抱えた家臣もいるならば、どのような合戦でも大した

落度はないはずである。

⑧刈谷の水野氏の遺跡を引き継ぐように指示したので、以前よりも家臣の数も増えていると思ったら、水野氏の旧臣を追い出し、旧臣の子弟を一人も召し抱えず、その分を直轄として金銀と交換したのは言語道断《ごんごどうだん》である。

⑨山崎の支配を命じたところ、信長が召し抱えた者を追い出し、水野氏の時と同じような処置をしたのは明白である。

⑩以前から自分が召し抱えた者に加増し、相応の与力も付けて、新たに侍を召し抱えるべきところを、このような落度は考えられず、ケチくさく貯えばかりを増やしていることは、天下に対して面目を潰《つぶ》し、中国・高麗《こうらい》・南蛮《なんばん》国までも知れ渡るような有様である。

⑪先年の朝倉攻めで、信長に向って戦機を逃していると言って、迷わずに自分を自慢して場の雰囲気《ふんいき》を壊したことは、信長の面目を潰しており、その口ぶりまで覚えているほど前代未聞のことである。

⑫甚九郎（信栄）についての考えは筆舌に尽くしがたいものである。

⑬大まかに言って、第一に欲深く、気難しく、良い人材を召し抱えず、その上に油断しているので、佐久間父子は武士としての道理がわかっていない。

⑭与力を専《もっぱ》らに使い、自分が信長の取次役になった時は、自分の侍を使わずに与力に軍役を務めさせ、領地に給人を置かずに放置している。

⑮ 信盛の与力・被官に至るまで全員斟酌《しんしゃく》しているが、自分の思慮深いのを自慢して穏やかな体裁を装い、実は与力・被官を苛酷《かこく》に扱っている。

⑯ 信長の代になって三十年間仕えているが、信盛が比類なき働きをしたという評判は一度も聞いたことがない。

⑰ 先年に遠江で軍勢を派遣して負けた時に、勝敗があるのは仕方ないにしても、徳川家康《とくがわいえやす》からの救援要請に遅れた上に、兄弟や譜代《ふだい》衆を討死させ、敵を一人も殺さず運よく助かり、平手汎秀《ひらてひろひで》を見殺しにしても平気な顔をしているのは、明白にけしからん。

⑱ この上はどこでもいいから敵を討って、会稽《かいけい》の恥を雪《そそ》いで帰参するか討死するべきではないか。

⑲ 佐久間父子は頭を剃《そ》って出家し高野山《こうやさん》に移り住み、赦免《しゃめん》を待つべきではないか。

そして、十九箇条の後に次のような一文がある。

・数年の内に目立った功績もなく、未練の子細は今度の保田のことで思い当たった。そもそも天下を支配する信長に口答えしたのは、信盛が初めてであり、この覚書の最後の二ヶ条を了承しなければ、二度と赦免はない。

この後、信盛父子は高野山に追放され、また、同時期に林秀貞・安藤守就父子・丹羽氏勝《うじかつ》が、先年に信長が苦労している時に野心を企てたという理由で追放されている。その後、信盛は紀伊の熊野の奥地に入り、天正九年七月二十四日に死去した。従来、覚書の内容と、信長の若年から仕えて各地を転戦し、本願寺攻めでは主力軍ともいえる大規模な方面軍を形成していた信盛の経歴から、働きが悪い者は譜代の重臣であっても追放する信長の強権性と革新性を象徴する史料として、この覚書が注目されてきた。

しかし、十九箇条の内容をまとめてみると、最初のほうで明智光秀などの功績と比較されて本願寺攻めの不振と大身にもかかわらず戦功がなくて蓄財に精を出していることを責められている。そして、その不振の理由付けとなる過去の失点をあげられ、信盛の人格や侍としての品格を非難され、最後の二条に不振に対する処分が書かれている。

なお、年未詳（天正八年か）で八月二十四日に筒井順慶に宛てた信長の書状（小田栄一氏保管文書）で、佐久間父子が本願寺攻めの働きが不届きで、どこでもいいから会稽の恥を雪ぐべきだ（＝戦功を立てるべきだ）と申し付けたところ、信盛の軍勢が一人も来ないと聞いたと書かれている。

これらのことから、覚書の内容は概ね当時のもので、信盛追放の主な原因は本願寺攻めにおける怠慢《たいまん》と考えられる。大坂本願寺は、元亀元年から十年近く信長と敵対しており、伊勢長島や越前などで蜂起し、安芸の毛利氏などとも手を組んだ、信長を脅《おびや》かす存在であった。天正四年から始まる本願寺攻めでは、信長自身が敵方の鉄砲により負傷している。また、信盛のような宿老層の人間は、一族衆とともに戦国大名の家を成り立たせる存在で、場合によっては当主の権限を規制するほどの政治的地位にあった。

このような本願寺との抗争と宿老の政治的地位から考えると、織田氏家臣団の重臣であり、誰よりも率先して働く必要があり、ましてや相手は長年にわたって信長を苦しめてきた一向一揆の総本山なのにもかかわらず、信盛の本願寺攻めの不振は、信長からすれば地位に見合った責務を果たしておらず、不遜《ふそん》な言い訳までしていると見做《みな》された結果が、覚書に現れたといえるのではないだろうか。

これ以前にも、松永久秀や荒木村重が信長から離反し、その対応のために信長は織田軍の総力を上げて鎮圧に向い、長年にわたる本願寺との抗争にも同様に対処してきた。そのような中で出された信盛の働きぶりを激しく譴責する覚書は、信長の強権性というよりは、天正年間以降に畿内を中心に拡大する織田氏の勢力の維持に信長がどれだけ気を配っているかを示しているといえるのではないだろうか。

最後に、近年の個別実証的な研究成果によって、史料の残存状況のために未解明の部分があるものの、信長の家臣団の実態解明が進展している。それによって、信長の家臣団が信長の革新性と強権性を示す存在から、織田政権の権力構造の実態とその維持を示す存在へと考察の視点が変化してきたといえる。天正十年六月二日の本能寺の変が勃発した原因は、明智光秀の個人的な怨恨《えんこん》、光秀を背後で操る黒幕の存在（朝廷、足利義昭など）、光秀の天下掌握の野心、信長による四国政策の方針転換など、現在でも様々な説が唱えられているが、その遠因に織田政権の権力構造の矛盾点があったといえるのではないだろうか。

ただし、家臣の謀反によって命を落とした信長の後に日本全国を統一する政権を誕生させたのが、同じく家臣であった羽柴秀吉（豊臣秀吉）であったことによって、信長が築いた権力構造がある程度継承されたのは間違いないであろう。

第四章

緩急自在の外交政策が示す信長の「我慢強さ」

——天皇や将軍の権威も巧みに利用したタフネゴシエーター

片山正彦

信長の外交政策とは

本章では、織田信長《おだのぶなが》の外交政策について、これまでの研究史を踏まえながら概観していくこととする。近年の信長に関する研究は多岐にわたっており、本書でもさまざまな項目が立項されている。特に明智光秀《あけちみつひで》が信長に対して起こした本能寺《ほんのうじ》の変については、これまでの研究では家臣による謀反《むほん》であることから、主に内政的な問題として捉《とら》えられてきたが、近年では信長の四国政策と関連づけ、外交政策の問題の一つとして捉えられるようになってきた。

詳しくは後述するが、たとえば近年の信長研究で注目されているものの一つとして、「四国問題」が挙げられる。信長の四国政策の路線変更に秀吉《ひでよし》の影を見てとったことから、光秀は信長と長宗我部《ちょうそかべ》元親《もとちか》の間で苦慮し、信長を討つ決意を固めたのではないかと捉える説もある。

本章でも、このような近年の研究成果を踏まえながら、信長の外交政策について、いくつかの事例を採り上げて概観していきたい。

徳川家康との長い同盟関係

永禄十一年（一五六八）九月、信長は足利義昭《あしかがよしあき》とともに上洛《じょうらく》するが、それまでに尾張《おわり》（愛知県）を統一し、次に美濃《みの》（岐阜県）を併合、そして上洛の軍を起こすまでの信長の外交政策は、近隣のものを味方に引き込む近国同盟が基軸であったとされる。

信長が織田家を継いだ頃は、父・信秀《のぶひで》の結んだ美濃の斎藤道三《さいとうどうさん》との同盟が機能しており、天文二十三年（一五五四）一月の村木城（愛知県知多郡）攻めの際には、道三から兵を派遣してもらい那古野《なごや》城（愛知県名古屋市）の留守居《るすい》を頼んでいる。しかしこれは、信長の外交政策とするよりはむしろ父・信秀の外交政策が継続していたと捉えるべきものであろう。斎藤家が義龍《よしたつ》の代になると、織田・斎藤の関係は一変し、同盟が破れることとなる。

この頃に勃発《ぼっぱつ》したのが桶狭間《おけはざま》の戦いである。戦いの詳しい経過については本章では触れないが、この戦いで信長が今川義元《いまがわよしもと》を倒したことは、松平元康《まつだいらもとやす》（のちの徳川家康《とくがわいえやす》）が今川氏から独立する契機となり、その翌々年には元康と同盟を結んで東方を押さえさせて、信長自身は美濃の攻略に専念できるようになる（谷口：二〇〇二）。

元康は桶狭間の戦いの後、まず西三河《にしみかわ》の平定に着手した。他方で、刈谷《かりや》（愛知県刈谷市）・小河（愛知県東浦町）や挙母《ころも》・梅ヶ坪（愛知県豊田市）などの三河と尾張の国境付近を中心に、当初は織田方との抗争を続けていた。当時、刈谷城・小河《おがわ》城に依《よ》っていたのは、織田方の外伯父・水野《みずの》信元《のぶもと》であった。比較的信憑性《しんぴょうせい》が高いとされる『松平記』には「同（永禄）三年より四年の間、刈谷衆と岡崎衆せり合い度々也」とあり、両者の抗争は永禄三年（一五六〇）から翌年初めまで及んだとみられる。

ところが永禄四年（一五六一）に入ると状況が一変し、信長と元康は同盟を結ぶことになった。この両者の和睦《わぼく》の経緯については諸史料によって違いがあり、これまでは水野信元が仲立ちをしたとされることが多かった。『石川数正譜《いしかわかずまさ》』では、信長方の滝川一益《たきがわかずます》が数正を通じて、和議のことを申し入れたとしている。いずれにせよ、この段階で元康は今川氏を見限り、信長と連携《れんけい》することになった。

和議の内容は、領域確定の領土協定であったと考えられており、美濃の斎藤氏への攻勢を強めようとする信長と、西三河を早急に平定し東三河をも制圧しようとする元康の思惑《おもわく》が一致したことにより、締結されたものである。この同盟は、信長が本能寺で討たれるまで続いた。

従来この同盟は、信長と家康が清須《きよす》で会見した際に結ばれたとされてきたが、信長の家臣である太田牛一《おおたぎゅういち》が記した信長の伝記『信長公記《しんちょうこうき》』や、『三河物語』『松平記』など比較的信憑性の高いとされる史料には記されておらず、会見自体が『相州兵乱記』『甲陽軍鑑《こうようぐんかん》』などに見られる「善徳寺《ぜんとくじ》の会盟」（甲相駿三国同盟）を模した後世の創作であったと捉えられるようになっている（平野：二〇一四）。

永禄六年（一五六三）三月には、信長の次女・徳姫《とくひめ》と元康の嫡男《ちゃくなん》・竹千代《たけちよ》（のちの信康《のぶやす》）との婚約が成立し、その同盟関係が強化され、攻守同盟へと発展したとされる。その一方で同年七月、元康は今川義元の偏諱《へんき》（貴人などの二字の名の一方の字）「元」の字を捨て、「家康」と改名したとされ、名実ともに今川氏と決別することとなった（本多：二〇一〇）。

家康との主従関係――その真相

以後、家康が信長の要請に応じたとされる軍事援助については、永禄十一年（一五六八）九月の信長上洛戦に家康が援軍を送ったのが最初であるとされる。『松平記』には、信長から加勢を頼まれた家康が、家中からそれぞれ十人ずつを選りすぐって、松平信一《のぶかず》を大将として上洛させたとある。

永禄十三年（元亀元年・一五七〇）四月に行われた信長の越前《えちぜん》（福井県）朝倉《あさくら》攻めに際しては、家康自ら上洛し、参陣している。このとき信長は、家康だけでなく、北畠具教《きたばたけとものり》や畠山昭高《はたけやまあきたか》・三好義継《みよしよしつぐ》・松永久秀《まつながひさひで》・浅井長政《あざいながまさ》などに「禁中御修理、武家御用」という名目で上洛を促している。元亀元年六月の姉川《あねがわ》の戦いでは、家康が信長を援助するために出陣し、信長から先陣を申し付けられたとする史料もある。

元亀三年（一五七二）十二月の三方ヶ原《みかたはら》の戦いに際しては、家康のために信長が佐久間信盛《さくまのぶもり》・平手汎秀《ひらてひろひで》らを派遣したことが、江戸時代に成立した軍記類に見られるものの、同時代史料では確認できない。天正二年（一五七四）六月には、信長は家康方である小笠原長忠《おがさわらながただ》が守る遠《とお》江《とうみ》の高天神城《たかてんじん》（静岡県掛川市）の後詰《ごづめ》のために岐阜を出陣し吉田に着陣したが、高天神城が落城したため、帰陣した。

天正三年（一五七五）五月の長篠《ながしの》の戦いでは、信長は三河に出陣した。『信長公記』には、家康が「国衆《くにしゅう》」であるので先陣としたと記されており、これによれば信長は家康を臣下と捉えていたといえよう。天正十年（一五八二）の武田《たけだ》氏攻めでは、信長は家康に駿河口《するがくち》の大将を命じたと『信長公記』では記している。この点で、天正三年以降は家康が信長の臣下となっていたと捉える研究者もいる（平野：二〇一四）。

このような関係性が如実にあらわれたのが、いわゆる「信康事件」である。天正七年（一五七九）九月十五日、家康の嫡男であった信康が二俣城《ふたまた》（静岡県浜松市）で自刃《じじん》させられ、それに先だって八月二十九日には、その生母・築山殿《つきやまどの》も富塚《とみつか》（同前）で殺害されたというものである。

家康にとっては、嫡男・信康と正室・築山殿を処断せざるを得なかったという重大事件であったにもかかわらず、その実態はいまだ十分には明らかにされていない。それは『家忠日記』以外には信頼できる関係史料がほとんどなく、比較的信憑性が高いとされる『当代記』や『松平記』、あるいは『三河物語』、さらには後年の編纂《へんさん》史料に依らざるを得ないという制約があるからである。

これまで一応信憑性が高い史料とみなされ、通説的扱いを受けてきた『三河物語』では、信康の正室・徳姫が信康や築山殿の不行跡を列挙し、これを酒井忠次《さかいただつぐ》にもたせて父・信長に訴えた結果、家康は信長の命令でやむなく信康を処断したとする。しかしながら、これは著者である大久保忠教《おおくぼただたか》の主観が入りすぎており、事件の真相とはかなりかけ離れていると考えられるようになった。

信康事件に至る直接のきっかけは、粗暴だといわれていた信康の資質と、信康の室《しつ》（妻）で信長の次女・徳姫との不和にあったが、近年では、信康と築山殿が生害《しょうがい》（自害）にまで及んだことについての説明としては、それだけでは不十分であると考えられている。信康自身に「逆心」＝謀反を疑われるような事態があったとする説や、事件の背景として武田方につくか織田方につくかという徳川氏内部での外交政策をめぐる争いが潜んでいたとする説も示されている（本多：二〇一九）。

伊勢攻略に見る姻戚関係の活用

伊勢《いせ》（三重県）はもともと国司であった北畠氏が戦国大名化し、南五郡の支配を続けているのに対し、北八郡は長野工藤氏《ながのくどう》・関氏《せき》・神戸氏《かんべ》などの古くから土着していた名族が小領主たちを従えて割拠している状態であった。そこに信長は、永禄十年（一五六七）に出兵したらしい。

この頃の伊勢に関しては、信頼できる史料がほとんどなく、伊勢出身の神戸良政《よしまさ》という者が寛永年間（一六二四〜四五）に著述した『勢州軍記』が基本的な史料とされている。この『勢州軍記』によれば、永禄十年八月に信長が尾張・美濃の軍勢数万騎を率いて北伊勢に攻め寄せたという。

永禄十一年（一五六八）二月、信長は再び北伊勢に進攻したが、この際に目標とされたのは、鈴鹿《すずか》郡・河曲《かわわ》郡に勢力を広げている神戸氏とその一族である関氏、奄芸《あんき》郡・安濃《あのう》郡の長野氏であった。神戸氏については、信長は力攻めを避けて和睦《わぼく》をはかり、三男の三七郎（のちの織田信孝）を継嗣のない神戸具盛《とももり》の養子とし、神戸氏は信長の幕下に属することとなった。神戸氏に属していた峯《みね》・国府・鹿伏兎《かぶと》氏もそれに従ったが、関盛信《もりのぶ》だけは六角氏と通じてしばらく信長に従わなかった。

神戸氏を降参させた信長は、次に安濃津《あのうつ》（三重県津市）まで進軍し、長野氏の攻撃を開始した。長野氏の当主は次郎具藤《じろうともふじ》という人物で、もとは北畠具教の二男で長野氏の名跡を継いでいた。長野氏の家老・分部光嘉《わけべみつよし》は信長との和睦を望んでいたらしく、他の老臣と謀《はか》って主君の具藤を追い出し、神戸氏と同様に信長の一族である弟の信良《のぶよし》（のちの織田信包《のぶかね》）を長野家の当主として安濃城に入れた。雲林院《うじい》・草生《くさわ》・家所《いえどこ》・細野・乙部《おとべ》・中尾氏などの長野氏に属していた者は、信長の幕下となった。

一方、南五郡に勢力を培《つちか》っている北畠氏は、依然として自立の姿勢を崩さなかった。永禄十二年（一五六九）八月、岐阜を出陣、北畠具教・具房《ともふさ》父子の籠《こも》る大河内城《おかわち》を大軍で取り囲んだものの、急攻めに失敗した信長は兵糧《ひょうろう》攻めに切り替え、最終的には和睦することとなった。

この和睦条件には、信長の二男である茶筅丸《ちゃせんまる》（のちの織田信雄《のぶかつ》）を具房の養子とすることが含まれており、その結果、北畠氏は弱体化し、天正三年（一五七五）には信長は北畠氏に圧力をかけて二男の信雄に家督を譲らせ、さらに翌年には具教をはじめとする北畠一族を謀殺してしまった。信長は、一族を送り込むという外交戦略によって、伊勢を掌中に収めていったのである（谷口：二〇〇二）。

浅井の裏切りを信じなかった信長の対若狭・越前外交

信長の妹とされる市《いち》（信長のいとこの娘、信長のいとことも）が嫁《とつ》いだ浅井《あざい》氏は、北近江《きたおうみ》を代々支配した守護大名の京極《きょうごく》氏に仕える譜代《ふだい》の家臣であったが、浅井亮政《すけまさ》の代に主家の内紛や有力武士たちの争いに乗じて勢力を伸ばし、京極氏にとってかわった。さらに南近江の守護大名であった六角氏の支配からの離反をはかるために、越前（福井県）の朝倉氏との関係を深めた。

天文十一年（一五四二）に亮政が小谷城《おだに》（滋賀県長浜市）で没すると、長子・久政《ひさまさ》が家督を継いだが、永禄三年に子・長政《ながまさ》に家督を譲り、隠居した。長政はこの時十六歳であり、久政の引退は重臣たちの強要によるものと伝わる。この時期には、六角氏との関係が停滞していたことも一因とされている。

長政は六角氏の重臣・平井定武《ひらいさだたけ》の娘と婚約していたが、これを破談して六角氏との関係の清算を図ろうとした。永禄十年に信長が美濃を平定すると、長政はその翌年初めごろまでに信長の妹の市を妻として迎え、織田氏との友好関係を結んだ。

元亀元年（一五七〇）四月、信長はたびたびの上洛要請を拒絶していた越前の朝倉義景を討つために、三万の軍勢を率いて京都を出発し、若狭《わかさ》・越前方面に向かった。信長方は朝倉方の手筒山《てづつやま》（福井県敦賀市）を陥落させ、金ケ崎《かねさき》城（同前）なども手中におさめたが、信長が木芽《きのめ》峠《とうげ》を越えて朝倉氏の本拠に侵入しようとしたとき、浅井久政・長政父子が突如挙兵して信長の進路を断った。

『信長公記』には、信長ははじめこれを信じようとしなかったと記されている。長政が信長を裏切った理由は、浅井方の記録がほとんど残されていないためによくわかっていないが、浅井氏は織田氏よりも朝倉氏に深い恩義があったこと、あるいは信長が越前を手中にいれたのちは湖北の浅井氏が狙われるのを恐れたためといわれている。

かろうじて岐阜に戻ることができた信長は、浅井攻めの準備を進め、三河の家康の協力を得て、同年六月に江北へ侵入した。信長は、浅井氏の本拠小谷城を見上げる虎御前山《とらごぜんやま》（滋賀県虎姫町）に陣を張ったが、一気に攻め落とすことが困難であったため、横山城（滋賀県長浜市）

を包囲した。

六月二十八日、姉川（滋賀県東浅井郡）において、織田・徳川の連合軍と浅井長政・朝倉景健《かげたけ》の連合軍が合戦となり、織田・徳川軍が勝利、さらに包囲していた横山城も陥落させ、小谷城を徐々に孤立させていった。同年九月、坂本・堅田《かただ》あたり（いずれも滋賀県大津市）で浅井・朝倉勢と対峙《たいじ》した信長は十二月には関白《かんぱく》・二条晴良《にじょうはるよし》の斡旋《あっせん》で和睦にこぎつけ、岐阜に帰った（中村：二〇一八、片山：二〇一七）。

天正元年（一五七三）八月、信長は北近江に大軍を率いて侵攻し、虎御前山に陣取った。朝倉勢も南下してきたが、信長はこれを木の本付近で打ち破り、退却する義景を追って越前に乱入し、義景は越前大野山田庄《やまだのしょう》（福井県大野市）で自刃した。

八月二十七日には秀吉が小谷城の京極丸を落とし、本丸の長政と小丸の久政を分断して小丸を攻撃したため、久政は自刃した。九月一日、本丸を信長自身が攻撃すると、長政は赤尾屋敷で自害、戦国大名浅井氏は滅亡することとなった。市は娘たちとともに小谷城に居続けたが、落城する際には長政によって信長の陣所へ送られている（福田：二〇〇七）。

和睦を繰り返す「石山合戦」――対本願寺の柔軟外交

信長と本願寺《ほんがんじ》顕如《けんにょ》を盟主とする一向《いっこう》衆徒との十一年を要する戦い「石山合戦《いしやまかっせん》」は、元亀元年

（一五七〇）九月に始まった。ただしこの戦いは、本願寺と信長とが絶え間なく争っていたというわけではなく、戦闘と和睦を繰り返していた。天正四年（一五七六）四月に蜂起した本願寺を大軍で取り囲んだ織田方に対して、本願寺は籠城《ろうじょう》という手段をとるが、これを画期として「石山合戦」は大きく前後二期にわけられる。

元亀元年九月に始まった戦いは、十一月には伊勢の一向一揆が信長の弟・織田信興《のぶおき》を自刃に追い込むなど、当初は本願寺優勢に推移した。しかし元亀四年（一五七三）三月、このころ信長と対立して本願寺や浅井・朝倉との連携《れんけい》を模索していた将軍・足利義昭が二条城に立て籠《こ》もるが敗れ、京都から追放、さらに八月には浅井・朝倉が信長に滅ぼされると、本願寺は信長と和解することになる。

天正二年（一五七四）正月、越前の一向一揆が織田方の部将を追い出して越前を支配すると、顕如は四月、高屋《たかや》城（大阪府羽曳野《はびきの》市）の城主・三好康長《みよしやすなが》らと結んで再挙兵した。しかし康長は、翌年四月に信長に降伏し、高屋城は破却された。同年八月には、信長自ら出馬して前年に一向一揆に制圧された越前を攻略した。これにより十月二十一日、顕如は堺奉行の松井友閑《まついゆうかん》と三好康長を頼って信長に和を乞い、再び和睦が結ばれた。

天正四年（一五七六）二月、京から追放されていた将軍・義昭は備後《びんご》の鞆《とも》（広島県福山市）に移り、毛利《もうり》氏に幕府再興の尽力を求めるとともに、上杉謙信《うえすぎけんしん》に武田・北条と和睦して幕府再興の尽力を依頼するなど、諸方の反信長勢力に書状を送った。四月、顕如は彼らに呼応する形で

「石山本願寺推定地」石碑。「石山」という呼称は豊臣時代の大坂城の別名「石山御城」に由来するものか（画像提供：PIXTA）

三度目の挙兵をした。これに対して信長は、大軍で大坂を包囲することになる。

同月には大坂湾を封鎖すべく織田方の軍勢が木津《きづ》方面に出張したが、激しい抵抗にあい、五月には原田《はらだ》直政《なおまさ》らが討死した。七月、本願寺に兵糧を入れるべく大坂湾にやってきた毛利方の能島《のしま》・来島《くるしま》らの水軍七～八百艘《そう》が木津河口で待ち受ける織田水軍三百艘と合戦に及び、織田勢を破って本願寺に兵糧を運び入れることに成功した。

天正六年（一五七八）六月には、信長は伊勢の九鬼《くき》嘉隆《よしたか》に鉄板で武装した大船六艘、滝川一益にも大船一艘を建造させて大坂湾に向かわせ、海上を封鎖した。これは毛利の水軍が本願寺へ糧食を搬入しようとする通路を遮断《しゃだん》するためのものであり、十一月には大坂に兵糧を運び込むためにやってきた毛利水軍六百余艘が木津川口に現れたが、九鬼水軍がこれを迎え撃ち、追い払った。これをきっかけに、本願寺への海上からの物資搬入経路が大きく損なわれることとなった。

しかしながら織田方も本願寺を落とすことができず、天正七年（一五七九）十二月、信長は朝廷に訴えかけ、和睦に持ち込もうとした。翌八年三月に信長から出された起請文《きしょうもん》には、本願寺が大坂を退けば「惣赦免《そうしゃめん》」（すべての罪や過失を許すこと）し、新たな本願寺に往還する末寺の安全も保障するとの認識のもと、退去は七月の盆前に実行すること、同時に本願寺方の花熊・尼崎の両城を信長側に引き渡すことなどを条件にした。別の箇条に加賀国二郡を返付するとあるが、この和睦は全体としてみれば、本願寺側の敗北であった。

こうした和睦交渉の進展を不満に思っていたのは、顕如の長男でその後嗣と目されていた教《きょう》如《にょ》である。教如は、信長は信用できないとして大坂籠城の継続を主張していたが、結局顕如は教如ら籠城派を残して、四月九日には大坂を退去し、紀州鷺《さぎ》ノ森《もりご》御坊《ぼう》に入ってしまった。同年七月、尼崎《あまがさき》城（兵庫県尼崎市）や花熊城（兵庫県神戸市）が信長方の手に落ちたころには、教如も信長との和平を模索することとなり、前関白《かんぱく》・近衛前久《このえさきひさ》の仲介によって和睦することとなった。

なお、本書では「大坂本願寺」と表記する本願寺は、一般的に「石山本願寺」とも称されるが、本願寺の大坂時代を指して「石山本願寺」と呼んだ史料は今日に至るまで見出されず、おそらく江戸時代になってから「石山」の名が採用されたと考えられていた。ところが、最近になって豊臣《とよとみ》時代の大坂城を指して「石山御城」と呼んだ事例が報告され、「石山」という表現は豊臣大坂城に由来するのではないかといわれるようになっている（中村：二〇一八）。

中国計略には秀吉を重用

信長が中国計略を命じたのは、羽柴秀吉《はしばひでよし》であった。天正五年のことである。中国地方に勢力を張る毛利輝元《てるもと》・小早川隆景《こばやかわたかかげ》・吉川元春《きっかわもとはる》は、境目の地域である播磨《はりま》・備前《びぜん》、備中《びっちゅう》（兵庫県・岡山県）などの諸勢力を糾合《きゅうごう》し、信長への対決姿勢を崩さなかった。このことから信長は、毛利氏との対決姿勢を深めていったのである。

天正五年（一五七七）十月、秀吉は播磨に出陣すると、十一月には早くも播磨国内の領主層から人質を提出させ、配下に収めていった。秀吉は、さらに但馬《たじま》に侵攻し、朝来郡の岩洲《いわす》城（兵庫県朝来市）、太田垣《おおたがき》氏が籠もる竹田城（同前）を攻略した。同年十二月には、竹中半兵衛《たけなかはんべえ》や黒田官兵衛《くろだかんべえ》の活躍もあり、毛利氏・宇喜多《うきた》氏・尼子《あまご》氏の影響下にあった上月《こうづき》城（兵庫県佐用郡）を落城させた。

秀吉が中国計略を進める上で、頼りにしていた者の一人は三木城（兵庫県三木市）に本拠を置いていた別所長治《べっしょながはる》であったが、天正六年（一五七八）二月、長治はにわかに叛旗を翻《ひるがえ》し、毛利氏方に寝返った。別所氏は永禄末年頃から信長に従っており、何度も上洛して挨拶《あいさつ》に出向いていた。その別所氏が信長を裏切った理由については、古くから多くの説が提示されてきた。たとえば、「加古川評定《かこがわひょうじょう》」で別所氏の家臣が提案した作戦が秀吉に受け入れられず、険悪な関係になったという説や、赤松《あかまつ》氏出身という名門意識が強かった別所氏が、出自の卑《いや》しい秀吉の麾下《きか》に入ることを快《こころよ》く思わなかったという説である。しかしこのような説は、『別所長治記』などの軍記物語に依るものが多い俗説であり、改めて同時代史料から洗い直す必要があるとされる。近年では別所氏が当時の情勢を冷静に判断した結果であり、足利義昭による熱心な離反工作があったことが大きな要因であったと考えられている。

毛利氏は、荒木村重《あらきむらしげ》に調略を開始し、村重は天正六年十月には毛利方に寝返った。その前年六月に毛利方に与《くみ》していた八上《やかみ》城(兵庫県丹波篠山《ささやま》市)だったが、天正七年(一五七九)六月に落城、城主の波多野秀治《はたのひではる》ら三兄弟は安土《あづち》城(滋賀県近江八幡市)下で磔《はりつけ》にされた。同じ年の九月には村重が有岡《ありおか》城(兵庫県伊丹市)から尼崎城に移り、十一月に有岡城は落城した(渡邊・二〇一九)。

三木城、鳥取城、備中高松城――苛烈な「兵糧攻め」と「水攻め」

天正七年十月、信長は別所氏と荒木氏の帰参を明確に否定し、秀吉は別所氏の籠る三木城を兵糧攻めにすることを決めた。『播州御征伐之事』によれば、城内の兵糧が尽きると餓死者は数千人に及び、はじめは糠《ぬか》や飼葉《かいば》（馬の餌）を食していたが、それが尽きると牛・馬・鶏・犬を食べるようになり、ついには人を刺し殺しその肉を食らったという。

天正八年（一五八〇）一月、別所氏は降伏することとなり、三木城内の長治・賀相《よしすけ》・友之《ともゆき》ら別所一族の切腹と引き換えに城兵を助命するという条件が秀吉に示された。しかし賀相が城に火をかけ、遺骸《いがい》を隠そうと主張、切腹の約束を覆《くつがえ》そうとしたので、最終的には蔵に逃げ込んだ賀相を兵卒が討ち取ったという。

現在、こうした説に対しても疑義が提示されている。たとえば、賀相は兵卒に討たれたことになっているが、それは長治をそそのかし「佞人《ねいじん》」にふさわしい最期として創作されたものであるという。城兵が助けられたという説に関しても、同年一月の宇喜多直家《なおいえ》の書状には、残った兵はことごとく殺害されたと記されている。秀吉が城兵を助けたというのは、戦後処理を円滑に進めるための美談に過ぎなかったとの指摘もある。

三木合戦が終わると、秀吉は制札《せいさつ》を掲げ、三木の復興に尽力した。内容は、三木城落前の借銭・借米・未進年貢の免除や先例通りの地子銭免除という政策である。同時に百姓の還住を勧め、荒地の年貢の一部を免除した。

天正九年（一五八一）三月、石見福光城《いわみふくみつ》（島根県大田市）城主の吉川経家《つねいえ》が鳥取城に送り込まれ、新しい城主となった。これに対し、後世「鳥取の飢《かつ》え殺《ごろ》し」と称される、秀吉による鳥取城の兵糧攻めが展開されることになる。

この兵糧攻めについて、『信長公記《しんちょうこうき》』には「餓鬼《がき》のごとく痩《や》せ衰えたる男女、柵際へより、もだえこがれ、引き出し助け給へと叫び、叫喚の悲しみ、哀れなるありさま、目もあてられず」と記される。鳥取城は毛利勢から孤立し、極度の兵糧不足に陥ったため開城することになった。経家は自身の切腹と引き換えに城兵を助けることを条件とし、秀吉と和睦交渉を行った。十月二十五日、経家は切腹し、城兵は助命された。

天正十年（一五八二）には、備中高松城（岡山県岡山市）攻めが開始された。秀吉が備中高松城付近に着陣したのは、四月四日のことで、秀吉は早々に城主の清水宗治《しみずむねはる》に降参を迫ったが、拒否された。後世の編纂《へんさん》物によると、城の水攻めを進言したのは黒田官兵衛であったというが、確証はない。秀吉は進言を受け入れて堤防工事に取り掛かり、備中高松城を囲むように堤を築いた。水は足守川《あしもりがわ》から流入され、城の周囲を満たした。こうした状況下で、六月二日に勃発《ぼっぱつ》したのが本能寺の変である（渡邊：二〇一九）。

同年五月、明智光秀は信長に命じられて、徳川家康供応の任に就いていた。この最中、備中高松にいた秀吉から毛利氏との対陣の様子などを報じる使者が安土に来たらしい。信長は十六日、自ら出馬して毛利氏と決戦をすると表明し、堀秀政《ほりひでまさ》に指示を持たせて秀吉のもとに派遣する一方、光秀の家康供応の任を解き、先陣として出陣を命じた。

『信長公記』は、先陣を命じられた者として、光秀を筆頭に細川藤孝《ほそかわふじたか》・池田恒興《いけだつねおき》・塩川長満《しおかわながみつ》・高山右近《たかやまうこん》・中川清秀《なかがわきよひで》を挙げている。ここには見えないが、大和《やまと》（奈良県）の筒井順慶《つついじゅんけい》も出陣を命じられたらしい（片山：二〇一八）。十七日、光秀はその準備のために近江坂本城へ帰った。二十六日には坂本を発《た》って丹波《たんば》亀山《かめやま》城（京都府亀岡市）へ入り、二十七日には愛宕山《あたごやま》（京都市右京区）へ登って一宿した。二十八日には西坊にて里村紹巴《さとむらじょうは》らと百韻連歌《ひゃくいんれんが》を興行、「ときは今あめが下知る五月哉《さつきかな》」の発句《ほっく》を詠《よ》んだとされる。

二十九日には、備中出陣のため信長が上洛した。六月一日、丹波亀山城の光秀は重臣たちと談合し、「信長を討果《うちはた》し、天下の主となるべき」儀に決した。午後九時ごろ、光秀の軍勢は丹波亀山城を発したが、備中へ向かうはずの明智軍は三草《みくさ》越えをやめて、方向を東にとり、国《くに》境《ざかい》の老坂《おいのさか》を越えて山城に出た。老坂を下り、沓掛《くつかけ》で小休止している間に二日に変わった。ここで光秀は全軍に指令を伝え、「備中出陣の軍装を信長の検閲《けんえつ》に供するために入京する」と偽《いつわ》ったという（谷口：二〇一四）。

北条氏との外交に見る信長の関東進出政策

近年、信長と北条氏との関係については、北条氏を信長の全国統一過程の枠組みの中で捉えようとする考え方が主流となっている。

信長と関東の戦国大名北条氏が関係を持ったのは、天正七年（一五七九）九月頃とされる。『信長公記』には、北条氏政《うじまさ》や氏照《うじてる》が送った使節についての記事が書き留められている。

天正七年九月十一日、北条氏照からの使者が上洛し、鷹《たか》三羽が献上された。翌十月二十五日には、武田氏を攻めるため北条氏政が小田原から三島に出陣し、織田家に対して味方であると意思表示がされたと記している。

翌天正八年（一五八〇）三月、北条氏政・氏照は使者を信長のもとに派遣した。三月九日、滝川一益を取次として北条氏政から鷹十三羽と馬五匹が京都本能寺で信長に献上され、十日に信長と北条氏の使者との対面があった。対面に際して、北条側は白鳥二十羽・熨斗《のし》一箱・鮑《あわび》三百・煎《い》り海鼠《なまこ》一箱・江川酒《えがわざけ》三種二荷を進上している。北条氏の意向は、「北条家と織田家が縁戚となって、関東を織田家の分国としたい」というものであったとされる。

天正十年（一五八二）三月、武田氏が滅亡することになるが、信長の縁戚を期待する北条氏政・氏直父子は当初から信長の軍勢に呼応して、武田攻めに加わることになった。二月下旬、氏政は駿河《するが》東部に出陣し、武田氏の拠点であった徳倉《とくら》城（静岡県駿東郡）を攻め、二十八日には落城させた。そのまま西へと軍勢を進め、三枚橋《さんまいばし》城（静岡県沼津市）を落とし、三月二日には吉原城（静岡県富士市）を落とすなどし、駿東地域の武田氏の拠点は北条氏に接収されることとなった。二十九日の段階で、戦況は北条から滝川一益のもとに報告されている。信長は「相州氏政は駿河に在陣して、ひとかどの働きをした」との認識を示している。

天正十年三月二十八日、氏政は伊豆《いず》の三嶋大社（静岡県三島市）に願文《がんもん》を奉納した。この願文には、「信長公が兼ねての約束の通り、御輿《みこし》を北条家へ入れられて、両家の入魂が深くなれば、関東八州は氏直の本意に属することは歴然である」と記している。

ところがほぼ同じころ、信長の家臣である滝川一益が箕輪《みのわ》城（群馬県群馬郡）に入城し、上野《こうずけ》国（群馬県）が織田領国に編入されることになった。滝川一益の関東への入国については、三月二十三日に信濃《しなの》国（長野県）諏訪《すわ》の法養寺《ほうようじ》にて申し渡された。伊予守《いよのかみ》任官と上野国および信濃国佐久《さく》・小県《ちいさがた》両郡の宛行《あてがい》（領地を与えること）とともに、信長は一益に「関八州の御警固」「上野国在国」「東国に関する御取次」の三点を命じた。

滝川氏の系図である「紀氏滝川系図」には、「関東八州の管領《かんれい》職を給う」と記載されている。関東管領とは室町時代に鎌倉《かまくら》公方《ぼう》足利氏を補佐するために置かれた役職で、その歴代を上杉一族が独占していた。ただし同時代の他史料には「目付《めつけ》」「東国の警固」などの語がみられるのみで、「管領職」の語は見当たらない。

ともかく信長より「関八州の御警固」などを命じられた一益のもとに、四月に入ると関東各地の領主が出仕を申し出ている。このような状況下でその対応に苦慮したのが北条氏であった。一益が入国して早々に、北条氏政の弟で上野国にほど近い鉢形《はちがた》城（埼玉県大里郡）を拠点としていた北条氏邦《うじくに》は出仕を果たしていたが、北条氏の属城で北条氏照が管理していた祇園《ぎおん》城（栃木県小山市）は、天正十年五月十八日に一益へ明け渡されることとなった。一益による事実上の北条領の削減であると捉えられる。結局、織田家から北条家への輿入《こしい》れは実現しておらず、このような動向は、信長と北条氏との関係が必ずしも円滑ではなかったことを示しているとい

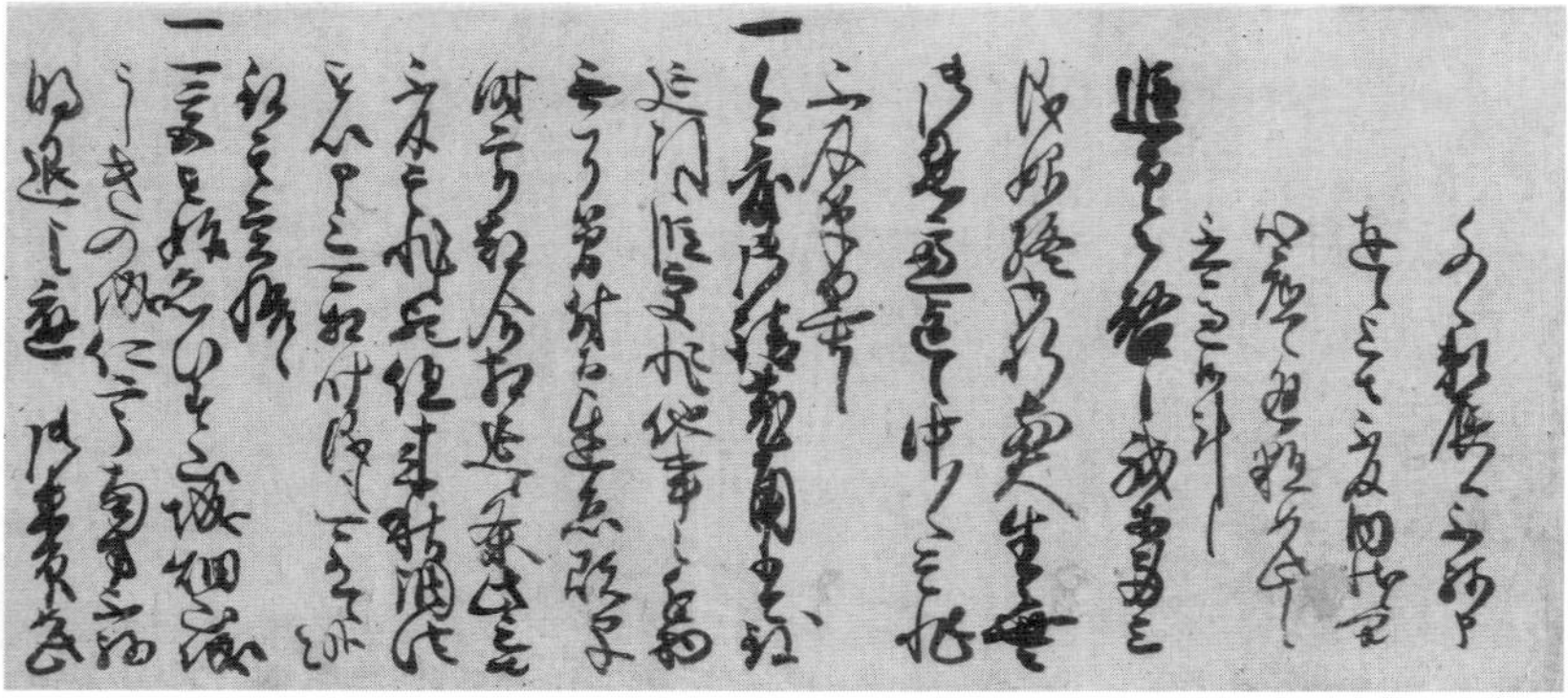

えよう。

こうした状況は、本能寺の変が六月に勃発したことで、大きく動いた。関東では、北条氏直が滝川一益と金窪《かなくぼ》(埼玉県児玉郡)で激突し、この戦いでは一益が勝利したが、この後北条勢が滝川勢を切り崩し、滝川勢は惣社《そうじゃ》・箕輪まで撤退することになった。一益は信濃に落ち延び、領国伊勢へ向けて敗走した。これによって関東における信長の領国は失われることとなった(斎藤:二〇一九)。

信長の四国政策と「本能寺の変」の関係

近年の信長研究で注目されているものの一つとして、「四国問題」が挙げられる。四国土佐《とさ》(高知県)の大名・長宗我部《ちょうそかべ》氏は、天正十年(一五八二)六月に明智光秀によって引き起こされた本能寺の変によって、信長三男の信孝を総大将として実行されようとしていた「四国攻め」を直前で回避できた。そのことを根拠にして、光秀

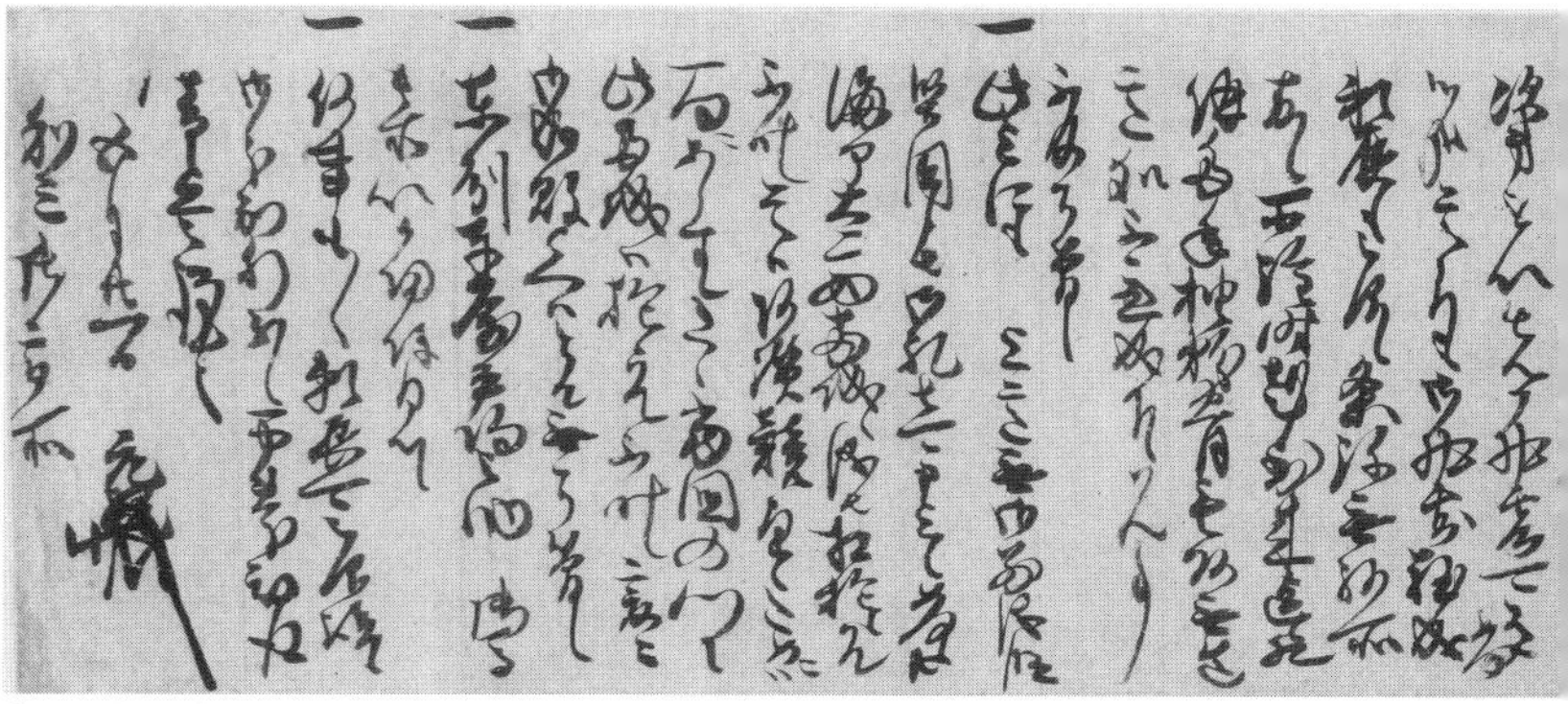

「石谷家文書　巻第二」より斎藤利三宛長宗我部元親書状
（画像提供：林原美術館／東京大学史料編纂所撮影／DNPartcom）

を本能寺の変に駆り立てたのは、長宗我部氏を救うためとする説もある。

光秀の重臣であった斎藤利三《さいとうとしみつ》の実兄にあたる石谷頼辰《いしがいよりとき》の妹が長宗我部元親《もとちか》の正室だったことから、長宗我部氏と斎藤利三の縁戚関係に依ることがその根拠の一つとされている（中脇：二〇一四）。

長宗我部氏は、元親のころに急速に版図《はんと》を広げ、土佐一国を平定し、さらに阿波《あわ》（徳島県）・讃岐《さぬき》（香川県）・伊予《いよ》（愛媛県）へと勢力を拡大していった。元親は、天正三年（一五七五）には信長に誼《よしみ》を通じていた。この時点では信長はまだ阿波の三好氏とは対立していたから、両者にとって遠交近攻策型の同盟として意味あるものであった。この天正三年の同盟にあたって、信長が元親の長男・弥三郎《やさぶろう》の烏帽子親《えぼしおや》（儀礼的親子関係の一種で、男子が成人に際して立てる仮親）となって、「信」の一字を与えて信親と名乗らせた際に、その取次役をつとめたのが光秀であった。

従来、元親の信長への服属は『元親記』などの記述から天正三年とされてきたが、近年発見された「石谷家文書《いしがいけもんじょ》」によって、天正六年（一五七八）の可能性が出てきた。天正六年のものと推定される元親の書状によれば、勝瑞城《しょうずい》（徳島県板野郡）での合戦をどのようにするか、斎藤利三《さいとうとしみつ》と石谷頼辰《いしがいよりとき》を通じて信長の朱印状の発給を依頼しているなど、この時期の長宗我部氏の活動が少なくとも光秀側の賛意を得ながら行われていたことを想起させる（浅利・内池：二〇一五）。

いずれにせよ、この後元親は光秀を介して信長と結びつく形をとっていたのだが、天正九年（一五八一）六月に至って、元親と信長が断交することとなり、取次役となっていた光秀の面目は丸つぶれとなる。信長は、これまでの路線を変更し阿波の三好康長の支援を始めたが、これには秀吉が自身の甥《おい》にあたる秀次《ひでつぐ》を三好康長の養子にしていたことと関係があった。前出「石谷家文書」天正十年正月十一日付の斎藤利三書状によれば、信長がこれまで元親に示していた四国の切り取り次第（信長が元親に対して、土佐と阿波南半分のみの領有を認める朱印状を発給していたこと）との方針を撤回し、元親が手にしていた伊予・讃岐を返納させようとしていた。

また同年五月二十一日付の斎藤利三宛長宗我部元親書状によれば、元親が阿波・讃岐からの全面撤退に納得していなかったことがわかる。こうしたやりとりの中で、光秀は信長と元親の間で苦慮し、信長の四国政策の路線変更に秀吉の影を見てとったことから、信長を討つ決意を固めたのではないかと捉える説もある（小和田：二〇一七）。

攻めるだけではなかった信長の外交手腕

本章では、近年の研究成果を踏まえながら、信長の外交政策について、いくつかの事例を採り上げて概観していった。

個人的な感想としては、合戦だけでなく時には和睦したりするなど、緩急自在な印象である。また和睦するにしても、将軍や天皇、あるいは関白を利用するなど、非常に巧みな外交政策で、信長はその版図を広げていったといえるのではないだろうか。

しかしながら、最終的には家臣である明智光秀の謀叛によって、信長は討たれてしまう。これまで述べてきたように、現在では本能寺の変も信長の四国政策と関連づけて捉えられるようになってきているが、本能寺の変による信長の死は、結末だけを見れば外交政策の失敗として捉えたほうがよいのかもしれない。

第五章

「天才的」とは言い切れない信長の「兵法」

——桶狭間は例外、最強だったわけではなかった軍事戦略

渡邊大門

信長は軍事の天才か？

戦国時代において、武将たちは文武両道を求められ、日頃から学問や武道の修練を怠《おこた》らなかった。また、来るべき戦《いくさ》に備えて、弓矢や乗馬などの訓練は、決して欠かすことができなかった。たとえば、馬を乗りこなすことは、古来より武士としての嗜《たしな》みであり、北条《ほうじょう》氏の武家家法『早雲寺殿廿一箇条《そううんじでんにじゅういっかじょう》』でも勧められている。

織田信長《おだのぶなが》は「虚《うつ》け者」として知られているが、一方で武道の腕を磨いていた。十代後半頃の信長は、夏には水練に励み、連日のように馬の稽古を行っていた。その武芸に鍛錬する姿は『信長公記《しんちょうこうき》』に書かれている。

信長は、当時まだ目新しかった鉄砲の腕も磨いている。師匠は橋本一巴《はしもといっぱ》といい、鉄砲撃ちとして評判が高かった人物でもある。信長は新しいものに関心を示すことが多かったが、鉄砲もその一つで、天正三年（一五七五）の長篠《ながしの》（愛知県新城市）の合戦で用いたことは有名である。

また、戦場でよく使われる弓の稽古にも熱心に取り組んだ。師匠は、市川大介《いちかわだいすけ》なる人物であった。兵法は、平田三位《ひらたさんみ》のもとで学んだ。橋本一巴、市川大介、平田三位はいずれも来歴の不明な人物であるが、その実力を評価して教えを乞うたのだろう。

武芸の鍛錬を欠かさなかった信長は、積極的に長槍《ながやり》や新しい兵器の鉄砲を合戦で用いた。また、永禄三年（一五六〇）の桶狭間《おけはざま》の合戦では奇襲戦によって駿河《するが》（静岡県）の今川義元《いまがわよしもと》の首を獲り、長篠の戦いでは戦国最強といわれた甲斐《かい》（山梨県）の武田《たけだ》騎馬軍団を討ち破った。その強さの源泉は、信長の軍勢は兵農分離を遂げており、軍事的な訓練を受けていたことにあったなどといわれている。果たして、それらの評価は正しいのであろうか。以下、信長の軍事や戦略について考えてみたい。

信長は「兵農分離」の先駆者だったのか？

信長は兵農分離の先駆けを行ったとされ、兵農分離を梃子《てこ》にして強力な軍隊を創出し、天下獲りの基礎にしたという。兵農分離とは武士の在地性を否定し、城下に集住させることで、武士と土地との関係を切り離した政策である。これにより武士は農作業から解放され、戦いに専念できた。ところが、この見解については、いまだに真偽をめぐって議論がなされている。

中世を通じて、兵と農との身分は明確に線引きされていなかった。武士たちの多くは村落に住み、自身も直接農作業に従事し、戦争が起こると出陣していたのが実情だったといえる。つまり、「兵農未分離」という状態だったのである。したがって、近世の城下町の典型例のように、家臣らが必ずしも城下に集住したとはいえないのである。

天正十年（一五八二）六月の信長没後、ライバルを破って権力を握った羽柴《はしば》（豊臣《とよとみ》）秀吉《ひでよし》は、太閤検地《たいこうけんち》に着手した（太閤検地の萌芽《ほうが》はそれ以前から見られる）。そもそも検地は、農民支配と年貢の徴収を目的に実施される土地の測量のことである。

太閤検地では、①兵と農を分離し、兵は農業に従事しない、②武士（兵）は村落から離れ、城下に集住する、という兵農分離策を推し進めた。同時に刀狩りなどが行われ、農民は兵士としての性格を失ったといわれている。ただ、実際に兵農分離は一足飛びに定着したのではなく、江戸時代以降にわたって少しずつ定着する。

信長が兵農分離を行ったという根拠は、『信長公記』天正六年（一五七八）一月二十九日の記事である。信長が天正四年（一五七六）から安土城《あづちじょう》（滋賀県近江八幡市）築城を開始すると、三年後の天正七年（一五七九）に完成した。その途中、徐々に配下の者を城下に住まわせていたようだ。ところが、天正六年一月、安土城下に住む弓衆の福田与一《ふくだよいち》の家が失火した。

与一は一人で居宅に住んでおり、そのことを信長が問題視した。家族がいれば、火事の被害を押さえることができたと考えたのだろう。改めて調べると、百二十人もの馬廻衆《うままわりしゅう》・弓衆は、尾張《おわり》（愛知県）に家族を残しており、今でいう「単身赴任」であることが発覚した。怒った信長は、尾張支配を任せていた長男・信忠《のぶただ》に命じ、彼らの尾張国内の家を焼き払った。こうして家を失った廻衆・弓衆の家族は、安土城下に住むことを余儀なくされたのである。

この事例から明らかなように、信長は馬廻衆・弓衆を城下に集住させ、兵農分離策をすでに行ったと指摘されている。近世に入ると、大名は城下町に武士を住まわせ、身分に応じて居住区を定めたのは周知のことであろう。その先駆を成し遂げたのが、信長であると指摘されたのである。しかも、その兆候は安土城に移る以前から確認できるという。

考古学の発掘調査によると、信長が永禄六年（一五六三）から四年間にわたり居城とした小《こ》牧山《まきやま》城（愛知県小牧山市）には、武家屋敷の跡が残っているとの指摘がある。また、永禄十年から使用した稲葉山《いなばやま》城（岐阜城。岐阜市）の麓《ふもと》には信長の居館があり、その周辺には重臣らの館があった。つまり、信長は城下に兵を集住させるという、兵農分離を早い段階から意識していたということになろう。

信長の配下の兼松《かねまつ》氏は、天正四年に近江《おうみ》国（滋賀県）に所領を与えられている（「兼松文書」）。兼松氏は尾張国葉栗《はぐり》郡島村（愛知県一宮市）を本拠とする武将であり、もともとの所領は尾張国内にあった。本来、武士と土地とが分離不可分な関係だったことを考慮すると、これも武士の安土城下への集住つまり兵農分離の第一歩と認識されている。信長は兼松氏を安土城下に強制移住させる代わりに、近江国内に所領を与えたということになろう。

後述するとおり、信長が槍や鉄砲などを効果的に用いた作戦を展開しているので、配下の兵士は軍事的な専門訓練を受けたと考えられてきた。特に、鉄砲のような新兵器は、専門的な軍事教練なくして、実戦で用いるのは困難であると推測されたのだろう。

一方で、右のような事例だけでは、信長により兵農分離が実施されたとはいいがたいという、慎重な意見がある。当時、戦国大名の直臣（馬廻衆など）が城下町に住むことは、決して珍しいことではなかった。したがって、政策的に家臣を城下町に住まわせた兵農分離と、信長の事例を同列に考えてはいけないという指摘がある（池：二〇〇三）。

信長が率いた軍団の実力とは？

信長の軍事力を支えたのは、その強力な家臣団であった。むろん、信長の兄弟・子息をはじめとする親類衆がもっとも頼りになったが、それだけでは足りなかったのは間違いなく、多くの戦力を必要とした。

家臣の中には軍事指揮権を持ち、一つの城を任されるような比較的大身《たいしん》な者も存在した。彼らの多くは尾張や美濃《みの》（岐阜県）に本拠を置く武将であったが、信長の台頭とともに従った者である。信長の中核的な家臣といえよう。

一方、そうした大身の家臣だけでなく、馬廻衆や小姓《こしょう》衆などの職掌もあった。このうち、小姓衆は信長の近くにいて、身の回りの世話をするのが仕事だった。平時は信長ともっとも近い関係にあったが、馬廻衆が軍事を司《つかさど》るのに対して、やや職掌としては軽かったのかもしれない。

ただ、馬廻衆よりも所領規模の大きい小姓衆も存在したので、それだけでは身分の上下の指標にはならない。

一方の馬廻衆は、もともと主君の乗る馬の身辺で警護する騎馬武者を意味した。信長のケースでいえば、戦時には信長のいる本陣を守備し、平時は政務を担当するという性格を持っていた。戦闘時に用いる武器によって、「鉄砲衆」「槍衆」「弓衆」などのように区分されることもある。いずれにしても、彼らが武功に秀でていたことはたしかなことであり、信長の親衛隊と称された。

永禄年間（一五五八〜七〇）頃、信長は馬廻衆から「黒母衣衆《くろほろ》」を、小姓衆から「赤母衣衆《あかほろ》」をそれぞれ十名ずつ選抜した（『信長公記』）。なお、山鹿素行《やまがそこう》の『武家事紀』（延宝元年・一六七三年成立）によると、黒母衣衆は十三名、赤母衣衆は十七名となっているが、『信長公記』に従うべきであろう。黒母衣衆、赤母衣衆については、「高木文書」にも記載がある（第三章を参照）。

第三章でも説明されているが、そもそも母衣とは鎧《よろい》に着ける布のことで、流れ矢を防ぎ、旗《はた》指物《さしもの》の一種としても使われた。信長の母衣衆は、特に優秀な武将を選抜した親衛隊を意味し、馬廻衆や小姓衆より一段高い名誉職的な意味合いがあったと指摘されている。ちなみに、赤母衣衆と黒母衣衆には、身分的な上下はなかったようである。

信長の馬廻衆の威容は、薩摩《さつま》（鹿児島県）の大名である島津家久《しまづいえひさ》の『中務大輔《なかつかさたいふ》家久公御上京日記』に詳しく記されている。天正三年（一五七五）四月二十一日、京都にいた家久は、大坂《おおさか》本願寺《ほんがんじ》（大阪市中央区）との戦いを終えた信長の軍勢と遭遇した。それは十七ヶ国から集められた、数万という数であった。信長は百騎もの馬廻衆と相国寺《しょうこくじ》（京都市上京区）に向かい、その幟《のぼり》には中国の明《みん》から伝わった銅銭「永楽通宝《えいらくつうほう》」が描かれていた。

信長には二十人の母衣武者が付き従っていたが、母衣の色は定まっていなかった。馬には馬面や馬鎧、また寅《とら》の皮を着用させたものもあった。同日記によると「母衣は弓矢に覚えのある者が許されたようだ」と書かれているので、彼らが信長の精鋭部隊であることは間違いない。家久は信長の軍勢に圧倒され、その詳細を書き留めたのだろう。

武芸・実務両面で信長を支えた命知らずの「親衛隊」

名誉ある黒母衣衆、赤母衣衆であったが、名前が知られているのは、ごくわずかな人物に過ぎない。のちに大名となった佐々成政《さっさなりまさ》や前田利家《まえだとしいえ》も、母衣衆の一人であった。利家は、「槍の又左《またざ》」の異名をとる武功者であり、若い頃は武闘派でならした。

もっとも有名なのは、毛利良勝《もうりよしかつ》であろう。良勝は永禄三年（一五六〇）の桶狭間合戦において、同僚の服部一忠《はっとりかずただ》を助け、今川義元の首を獲るという大手柄を挙げた。良勝は義元と組み合った際、指を嚙《か》みちぎられたという逸話がある。この戦いで、信長の天下獲りの道筋ができたことは疑いない。

母衣衆ではないが、『信長公記』の著者・太田牛一《おおたぎゅういち》は、弓の名手として知られ、弓三人鑓《やり》三人の「六人衆」の一員となり、信長の直臣たる近侍衆《きんじ》として仕えた。牛一は信長の身辺にいて、『信長公記』のもととなるメモ類を多数書き残したといわれている。

ただ、母衣衆は、総じて早死にした者が多い。たとえば、塙《ばん》（原田《はらだ》）直政《なおまさ》は長篠の合戦で鉄砲奉行を申し付けられるほどの強者であったが、天正四年における大坂本願寺との戦いで戦死した。また、天正十年六月の本能寺《ほんのうじ》の変では、多くの母衣武者が亡くなった。先に触れた毛利良勝も、本能寺の変で戦死した。これも、信長の身辺警護を司る職であるがゆえの宿命であろう。

無視することができないのは、優秀な吏僚たちである。奉行衆《ぶぎょう》（主に行政を担当）、右筆《ゆうひつ》（信長の手紙を代筆）、同朋衆《どうぼう》（芸能や雑務をこなす）などはその代表で、武芸ではなく、実務をこなすことで信長に貢献した。彼らは親衛隊とはいえないが、支配を展開する上で欠かせない人材であった。

このように、信長の戦争を支えたのは、大身の有力な家臣だけではなく、命知らずの親衛隊の面々であった。彼らの存在なくしては、信長の勢力拡大は不可能だったといえるのである。同時に、有能な吏僚たちが、支配や合戦を進める上での実務を掌握しており、下支えをしていたのである。

長槍はデモンストレーション用？

信長は鉄砲などの新しい武器を使用したり、通常より長い槍を用いたりするなど、これまでの武器の概念にとらわれなかったといわれている。そうした革新的な思考メカニズムが天下獲りを実現させたという。信長による「軍事革命」と称されるものだ。以下、槍、鉄甲船、鉄砲の三つに絞って考えてみることにしよう。

戦国時代に用いられた槍の長さは、二間《けん》（約三・六メートル）が主流であった。北条氏は二間半（約四・五メートル）の槍を用いていたが、のちに三間（約五・四メートル）にした。この長さは、武田氏の槍の長さと同じである。いずれにしても、相当な長さのものであるといえよう。

信長は短い槍を用いて叩き合いをするのを見て、三間半に長くするよう命じたという（『信長公記』）。事実、天文二十二年（一五五三）頃に信長が美濃の斎藤道三《さいとうどうさん》に面会した際、従った者どもは三間半の槍を持っていたと『信長公記』に書かれている。長い槍が戦いに有利であると、直感したからであろう。

ところが、現実的な問題として、三間半の槍は使いづらかったという。そもそも材質の樫《かし》や桜の木は重たく、まっすぐに加工するのは困難だったと考えられる。おまけに長い槍は素材を確保するのも大変で、大量生産にも向かない。仮にうまく完成しても、重たくて長い槍を自由に扱うには、相当な訓練が必要だった。こうした長い槍を使う場合は、相手を刺すよりも、槍《やり》衾《ぶすま》を作って敵を威嚇《いかく》するか、上から叩き下ろすなどの戦法を用いたと指摘されている。

つまり、三間半の槍を用いたのは、必ずしも全員ではなく、一部の優秀な兵卒や信長の側近に限られた可能性が高い。斎藤氏の面会に際して、配下の者に三間半の長い槍を持たせたのは、示威的な意味が強かったと考えられる。おそらく、信長配下の多くの兵は、使いやすさを考慮して、従来通りの二間半の槍を用いていたのだろう。馬上で槍を振るう場合は、二間程度が扱いやすかった。

したがって、長槍が実戦で用いられた例は乏《とぼ》しい。天文二十二年七月、柴田《しばた》勝家《かついえ》が清洲《きよす》（清須）城（愛知県清須市）を攻撃したあと、成願寺《じょうがんじ》（名古屋市北区）で敵軍と交戦に及んだ。その際、勝敗を決したのは槍の長さだったという（『信長公記』）。『信長公記』を執筆した太田牛一は、このとき勝家に従って出陣していた。書かれていることは、信用してもよいだろう。

桶狭間の戦いは奇襲戦といえるのか？

次に問題となるのが、桶狭間の戦いにおける戦術である。

永禄三年（一五六〇）五月十九日、信長は今川義元を桶狭間の戦いで破った。義元の二〜四万という大軍に対し、信長はわずか二、三千の兵のみであった。このとき信長は暴風雨で敵が油断する中、迂回《うかい》して義元の本陣を奇襲したという。これが世に知られた「迂回奇襲説」である。

「迂回奇襲説」によると、五月十九日の正午頃、信長の家臣・千秋四郎《せんしゅうしろう》ら約三百の兵が今川軍に攻め込んだが敗北した。敗北後、信長は義元が陣を敷く後ろの山へ軍勢を移動することを命じ、迂回して奇襲することを命じた。そのとき、視界を遮《さえぎ》るような豪雨となり、信長軍は悪天候にまぎれて進軍したという。

義元は大軍を率いていたが、実際に周囲を守っていたのは、わずか四、五千の軍勢であったと伝わる。そこへ信長軍は背後から義元の本陣へ突撃し、義元を討ったのである。以上の経過の出典は小瀬甫庵《おぜほあん》『信長記』であり、明治期の日本陸軍参謀本部編『日本戦史・桶狭間役』（明治三十二年〈一八九九〉）により、事実上のお墨付きを与えられた。

小瀬甫庵『信長記』は元和八年（一六二二）に成立したといわれてきたが、今では慶長十六、十七年（一六一一、一二）に完成したという説が有力である。『信長記』の成立が十年ほど古いことが立証されたので、これにより『信長記』の史料性の高さをより重視する論者もいるが、成立年の早い遅いは史料の内容を担保するものではない。

同書は広く読まれたが、創作なども含まれており、儒教の影響も強い。太田牛一の『信長公記』と区別するため、あえて『甫庵信長記』と称することもある。そもそも『信長記』は、太田牛一の『信長公記』を下敷きとして書いたものである。

しかも、『信長公記』が客観性と正確性を重んじているのに対し、甫庵は自身の仕官を目的として、かなりの創作を施したといわれている。それゆえ、『信長記』の内容は小説さながらのおもしろさによって、江戸時代には刊本として公刊され、『信長公記』よりも広く読まれた。現在、『信長記』は創作性が高く、史料としての価値は劣ると評価されている。

この有名な「迂回奇襲説」に敢然と異議を唱えたのが、藤本正行氏である（藤本：二〇一〇）。藤本氏は『信長公記』をもとに、次のような説を唱えた。

千秋四郎らが敗北したことを知った信長は、家臣たちの制止を振り切り、中島砦《とりで》を経て今川軍の正面へと軍勢を進めた。当初、大雨が降っていたが、止《や》んだ時点で信長は攻撃命令を発し、正面から今川軍に立ち向かった。今川軍を撃破した信長軍は、そのまま義元の本陣に突撃した。義元はわずかな兵に守られ退却したが、最後は信長軍の兵に討ち取られたという。これが「正面攻撃説」であり、現在では多くの支持を得ている。

長篠の戦い――鉄砲活用の理想と実際

天正三年（一五七五）の長篠の合戦では、織田・徳川の連合軍が新戦法の「鉄砲三千挺《ちょう》による三段撃ち」により、当時最強といわれた「武田の騎馬軍団」を撃破したとされてきた。しかし最近では、藤本正行氏が三列に並んだ鉄砲隊による交代射撃は不可能であること、実際の戦闘は騎馬でなく下馬して行われたという理由を挙げ、通説を否定している（藤本：二〇一〇など）。なお、両軍が実際に戦ったのは、設楽原《したらがはら》（愛知県新城市）である。

その後、平山優氏は東国の戦国大名には騎馬衆が存在し敵を混乱させていたこと、「三段撃ち」とは三ヶ所に配置された鉄砲衆が輪番《りんばん》射撃を行っていたこと、当時の騎馬衆による突撃は正攻法であり、勝敗を決したのは織田軍の鉄砲の数が武田軍のそれを上回ったからであると、藤本説に反論した（平山：二〇一四）。

いずれにしても、信長の鉄砲による攻撃が戦国における「軍事革命」という評価は、トーン・ダウンしたようであり、少なくとも「三段撃ち」は否定的な見解が有力となっている。ただし、この合戦をめぐる論争は現在も続いており、今後の動向が気にかかる。

このように信長の軍事についても、新説が次々と披露されつつあるが、旧来から提唱されてきた「軍事革命」という見解は修正が余儀なくされている。

先述の通り信長は、若き頃から橋本一巴のもとで、鉄砲の使い方を教わっていた。それだけ鉄砲の重要性を認識していたことになろう。

ところが、現実的な問題として、狙撃手の技量がばらばらの中で、千人が一斉に射撃をすることは難しい。しかも、敵が横一列になって、都合よく突撃してくるとは限らない。『信長公記』によると、鉄砲隊は各部将の配下から集められたもので、千人の鉄砲隊に対して、五人の指揮者がついたという。つまり、この千人の鉄砲隊が迎撃態勢を取り、敵を射程圏内に収めた

設楽原古戦場の馬防柵。「長篠の戦い」の名で知られるが、実際の戦場となったのはこの地である（画像提供：PIXTA）

ときに射撃し、敵の状況に応じて代わる代わる撃ったというのが現実的と考えられる。

　補足しておくと、武田氏の騎馬隊の存在も疑問視されている。そもそも武田氏の兵が騎馬を使った専門的な訓練を受けたとは考え難く、当時の標準的な戦闘スタイルは馬を降りて戦うのがセオリーだったという。おまけに馬を扱うのは難しく、馬防柵《ばぼうさく》に体当たりするなどは、馬が怖がってできなかった可能性が高い。しかも、日本固有の馬は、体高が百二十センチメートルほどの小型馬であった。

　一方で信長が、鉄砲の弾の原材料となる鉛、そして火薬の原材料となる硝石《しょうせき》を確保するのに奔走したのも事実である。永禄十二年（一五六九）に足利義昭《あしかがよしあき》を推戴《すいたい》して上洛《じょうらく》した際、信長はそれら原材料を安定的に確保するため、堺を配下に収めようとしたのはその証左である。

桶狭間合戦も長篠合戦も、合戦の具体的な様相を探る一次史料はほぼ皆無で、二次史料に頼らざるを得ない。したがって、拠《よ》るところの二次史料の徹底した史料批判が重要であり、近年ではそうした作業が丹念に行われている（金子：二〇一八）。

鉄甲船を用いた木津川の戦い

最後に取り上げるのは鉄甲船《てっこうせん》である。天正六年、信長は大坂湾の木津川口《きづがわ》において、大坂本願寺を支援する毛利水軍を撃ち破った。そのとき活躍したのが、鉄の装甲を持つ鉄甲船であった。『多聞院日記《たもんいん》』によると、鉄甲船の長さは十二・三間（約二十一・八〜二十三・六メートル）で、幅は七間（約十二・七メートル）であったという。鉄甲船はすべてが鉄でできているのではなく、限られた箇所に薄い鉄の装甲が施されたと考えられている。

その中で重要な記述は、「鉄砲通らぬ用意」のために「鉄の船」にしたという箇所である。つまり、船を鉄で覆《おお》ったのは、鉄砲による攻撃の被害を避けるためだった。この二年前、信長方の船団は、毛利水軍による「ほうろく（焙烙）火矢《ひや》（火薬を用いた兵器）」に攻撃され、炎上するという損害を被《こうむ》った。その反省を生かしたものであろう。

『多聞院日記』は一次史料なので、その記述を信頼すべきという意見もあるが、あくまで伝聞が多いことに注意すべきだ。『多聞院日記』は、奈良の興福寺《こうふくじ》多聞院主の僧侶・英俊《えいしゅん》が書いた日記である（代々の院主が書き継いだ）。奈良は京都にも近く、京都の公家などから情報提供を受けていた。同史料は一次史料であるが、伝聞を書き留めたこともあり、誤りも少なからずあると評価されている。ただ、間違えた際は、記事にその旨を記している。

ところで、尊経閣文庫の『信長公記』の写本によると、鉄甲船の長さは十八間（約三十二・四メートル）で、幅が六間（約十・八メートル）と書かれており、こちらが妥当であるという。ただ、鉄甲船の姿については諸説あり、いまだに全貌は明らかにされていない。現物が残っていないこともあり、いたしかたないところである。

鉄甲船は毛利水軍を撃破するのではなく、毛利氏による大坂本願寺への兵糧《ひょうろう》運搬を阻止するのが目的であった。つまり、海上に浮かぶ、船の要塞的なイメージだったとも指摘されている。毛利氏の水軍は鉄甲船の存在により、湾内に突入し難かったようである。攻撃よりも、威嚇が目的だった可能性もある。

このように見ると、長槍、鉄砲、鉄甲船などに関しては、いまだに不明な点が多いといえる。しかも、一次史料による裏付けが乏しく、その実像は十分に明らかにされていない。その点を考慮すると、信長の革新性や軍事革命というイメージが一人歩きしているような感がある。むしろ信長は戦況を冷静に分析し、状況に応じた戦い方を選ぶのが得意であった。その点において、信長は戦術眼が優れていたとはいえないだろうか。

勝つためには「迅速」かつ「慎重」、そして「徹底的」に！

信長は、時間がかかる籠城《ろうじょう》戦や攻城戦を嫌ったという。合戦に際して常に準備が周到で、決して少ない兵では戦わなかった。また、ときに敵に対して降伏を促すこともあったが、従わなければ徹底して相手を殲滅《せんめつ》する冷酷非情さを持ち合わせていたといえる。いくつかの例を挙げておこう。

永禄十一年（一五六八）、足利義昭を擁《よう》しての上洛を控えた信長は、その途次にある観音寺《かんのんじ》城（滋賀県近江八幡市）主・六角承禎《ろっかくじょうてい》（義賢《よしかた》）に上洛の協力を求めた。しかし、承禎は将軍の足利義栄《よしひで》を支持していることを理由とし、三好《みよし》三人衆（三好長逸《みよしながやす》、三好政康《まさやす》、岩成友通《いわなりともみち》）を通じて信長の依頼を拒否した。その際、義昭からは、承禎を京都の所司代《しょしだい》に任命するとの申し出もあったという。信長の説得は七日間に及んだが、結局は要請が受け入れられなかった。

ここから信長の攻勢は早かった。もはや要請が受け入れられないと知るや、怒濤《どとう》の攻撃で六角氏の軍勢を蹴散《けち》らしたのである。信長がここまで六角氏に配慮を示したのは、上洛後を見据えて、以前から将軍とのつながりが深かった、六角氏の助力を得たかったのかもしれない。ただ、協力を得られないならば意味がないので、一気に粉砕したということになろう。

以降の方針はほぼ一貫しており、信長は相手が従えば許したが、そうでなければ徹底して攻撃した。途中で降参しても、許さなかったのである。

有岡（伊丹）城址。荒木村重はこの城に立て籠もり、信長に反旗を翻した
（画像提供：PIXTA）

天正六年（一五七八）十月、信長配下の有力武将・荒木《あらき》村重《むらしげ》が突如として反旗を翻《ひるがえ》した。驚いた信長は、翻意を促すべく使者を送り、懐《かい》柔《じゅう》しようと試みた。その際に信長は、不足があれば申し出るよう促し、村重の意向に従うことを約束した。いったん村重は野心はないと言ったので、信長は母を人質として差し出し、出仕するよう命じた。ところが、村重は二度と出仕をすることがなかった（『信長公記』）。

　こうして両者は対決におよぶが、このとき信長は大坂本願寺や三木《みき》城（兵庫県三木市）主の別所長治《べっしょながはる》とも戦っており、苦境に立たされていた。そこで、信長は朝廷に大坂本願寺との和睦《わぼく》の斡旋《あっせん》を依頼した。しかし、その直後に第二次木津川合戦に勝利を得て、さらに村重に与する武将が少ないと知るや、和睦の調停を取りやめた。そして、一気に村重の有岡《ありおか》城（伊丹城。兵庫県伊丹市）を攻撃し、翌年十一月に攻め落としたのである。

村重が信長に離反したのは、大坂本願寺の誘いがあったからだった。大坂本願寺は足利義昭と毛利輝元《てるもと》に忠節を尽くせば、村重の思いのままであると述べている（「京都大学所蔵文書」）。村重に信長への複雑な思いがあったのは事実だろうが、大坂本願寺の誘いにより、一気に離反へと舵《かじ》を切った。早晩、村重は信長がそうした情報（信長を裏切ること）を得ると考え、申し出に応じなかったのだろう。

このように信長は機を見るに敏で、やみくもに合戦を仕掛けなかったのは明らかである。勝機を見計らって慎重だったのである。

村重の謀反《むほん》より半年前、三木城主の別所長治が信長に対して反旗を翻した。当初、長治は善戦したが、羽柴秀吉が攻勢に転じると、食糧搬入ルートを断たれたことも相俟《あいま》って苦境に陥った。戦いが始まった約一年後の天正七年二月、長治は信長に降参を申し出たが、それは拒絶された（「大阪城天守閣収集文書」）。信長にとって、もはや死に体の長治を助ける理由はなかったのだろう。

しかし、同じ頃、羽柴秀吉を通して降参を申し出た備前《びぜん》（岡山県）の宇喜多直家《うきたなおいえ》に対しては、織田方への帰参を許した。その理由は、今後展開される毛利氏との戦いを考慮すると、直家は先鋒として使えると考えたからに違いない。事実、直家は信長の期待に応え、毛利氏との戦いに大いに貢献したのである。

信長が降参した相手を許すか否《いな》かの基準は、合理的な判断に基づいていたのはたしかであろう。そして、裏切った相手を徹底的に殲滅することによって、他の敵対勢力の戦意を喪失させようとしたのかもしれない。

「殺戮者」信長はほんとうか?

信長が得意とした作戦には、徹底した殺戮《さつりく》戦があったという。天正三年(一五七五)、越前《えちぜん》国(福井県)で一向一揆《いっこういっき》が勃発《ぼっぱつ》すると、信長は徹底的に一揆勢力を殲滅し、数千人という門徒を殺害した。このときの様子は、京都で所司代《しょしだい》を務めていた村井貞勝《むらいさだかつ》に対して、信長自身が次のとおり書状で伝えている(「泉文書」)。概要に触れておこう。

信長の軍勢は人数を四手に分けると、山々に分け入って門徒を探し出し、即座に首を斬った。同じく生け捕った者も、次々と首を斬り落とし、その数すらわからなかったらしい。府中の町は、死骸《しがい》で溢《あふ》れかえったという。このように徹底した殺戮戦は、いかに門徒らの信仰心が厚かったとはいえ、信長に抵抗する気力を失わせたことであろう。

同様なことは、元亀二年(一五七二)の比叡山《ひえいざん》(滋賀県大津市)の焼き討ちでも行われた。『信長公記』には「九月十二日、叡山を取詰め、根本中堂、三(山)王二十一社を初め奉り、霊仏、霊社、僧坊、経巻一字も残さず、一時に雲霞《うんか》のごとく焼き払い、灰燼《かいじん》の地と為社哀れな《なるこそ》

比叡山延暦寺根本中堂。現在の建物は江戸時代（寛永 19 年）に入ってから再建されたもの（画像提供：PIXTA）

れ、山下の男女老若、右往、左往に廃忘を致し、取物も取敢へず、悉《ことごと》くかちはだしにして八王寺山に逃上り、社内へ逃籠、諸卒四方より鬨音《ときのこえ》を上げて攻め上る、僧俗、児童、智者、上人一々に頸をきり、信長公の御目に懸け、是は山頭において其隠れなき高僧、貴僧、有智の僧と申し、其他美女、小童其員《かず》を知れず召捕り」とその残《ざん》虐《ぎゃく》ぶりが描かれている。

それよりも恐ろしかったのは、合戦後における信長の、敵に対する措置であった。天正二年（一五七四）、その前年に朝倉義景《あさくらよしかげ》、浅井《あざい》久政《ひさまさ》・長政《ながまさ》父子を打ち破った信長は、その首を薄濃《はくだみ》（漆《うるし》を塗り金泥を施すこと）にして、酒宴に供したという。これについては、信長の残酷さを強調する説もあるが、首化粧の一種とする説も提示されている。ただ、普通の感覚からすれば、酒宴の席ではやらないと考えられ、家臣団の綱《こう》紀粛正《きしゅくせい》の意味（逆らったら朝倉氏らのようになるという脅し）があったのかもしれない。

天正十年（一五八二）三月、信長は武田氏を滅亡に追い込むと、当主の勝頼《かつより》、その子・信勝《のぶかつ》、従兄弟《いとこ》の信豊《のぶとよ》の首を京都に晒《さら》した。いかに隆盛を極めた武将であっても、信長に逆らった者の哀れな末路を演出するためであった。

先述した越前一向一揆をはじめ、長島一向一揆や比叡山の焼き討ちなど、見せしめ的な措置にはこと欠かない。信長は未然に合戦を防ぐべく、人々に恐怖心を与えようとしたものと考えられる。とはいえ、これにより信長の残虐性を強調するのは、いささか早計に過ぎるのかもしれない。

当時、敵方の部将を血祭りにあげ、一族などを磔刑《たっけい》に処すなどは、天正五年（一五七七）の上月城《こうづき》（兵庫県佐用郡）の戦いの際、羽柴秀吉が見せしめに女・子供を磔刑や串刺しに処したなど、さほど珍しいことではなかった（「下村文書」）。『信長公記』などでは、信長に逆らった者の哀れな末路を強調するきらいがあり、今後の検証が必要である。

信頼する家臣に「方面軍」を任せた全国制圧の戦い

信長の戦争が広域に拡大するにつれ、当然ながら一人で各地の戦場を駆け回るわけにはいかない。信長は各方面の出陣に際して、戦闘の指揮を家臣に任せた。これが、方面軍と呼ばれるものである（谷口：二〇一三）。

天正三年（一五七五）八月、信長は越前の一向一揆を討伐《とうばつ》すると、加賀《かが》（石川県）の一向一揆の備えを簗田広正《やなだひろまさ》に任せた。そして、越前の地は柴田勝家ら配下の者に与えたのである。しかし、簗田氏は加賀の一向一揆を相手に大苦戦し、制圧に困難をきたした。そこで、信長は勝家を加賀一向一揆の討伐軍の司令官に任じ、討伐を命じた。これが方面軍のはじまりで、北陸方面軍と称されている。

元亀元年（一五七〇）から開始された大坂本願寺との戦いでは、長期戦を強《し》いられた。当初、信長は明智光秀《あけちみつひで》、荒木村重、長岡《ながおか》（細川《ほそかわ》）藤孝《ふじたか》、塙直政らに命じて、戦いに臨んだ。しかし、大坂本願寺の守りは堅く、なかなか落とすことができなかった。天正四年（一五七六）五月の総攻撃では、包囲軍の総大将だった塙直政が討ち死にし、事態は悪化する一方だった。

そこで、信長は重臣の佐久間信盛《さくまのぶもり》を大坂本願寺攻めの総大将に任命し、七ヶ国の与力《よりき》衆を戦力として与えた。佐久間氏を総大将とする大坂本願寺攻めの一団は、大坂方面軍といわれている。ただし、佐久間信盛も大坂本願寺との戦いに苦戦し、ついに落とすことができなかった。天正八年三月、信長は大坂本願寺と和解したが、直後に信盛の失態を責め、高野山《こうやさん》に追放した（信盛への叱責《しっせき》と処遇については第三章も参照）。

その後も信長軍団は、各地を平定すべく方面軍を形成する。

天正十年（一五八二）三月、信長は甲斐《かい》武田氏を滅亡に追い込むと、滝川一益《たきがわかずます》に上野《こうずけ》（群馬県）一国と信濃《しなの》（長野県）二郡を給与した。同時に、上野や信濃の国衆が与力として付けられた。小田原に本拠を置く北条氏、東北の諸大名はいまだに健在だったので、その方面への備えだった。これが関東方面軍である。

他にも方面軍はある。明智光秀は畿内方面軍を任され、丹波《たんば》（京都府、兵庫県）波多野氏などの討伐を任された。とはいえ、光秀は丹波の戦いに専念できたとは必ずしもいえず、大和《やまと》（奈良県）や大坂本願寺の戦争にもたびたび出陣した。天正五年（一五七七）以降、中国方面軍を担当し、毛利氏と戦ったのが羽柴秀吉である。当初、秀吉には別所長治らの諸将が従ったが、彼らの裏切りによって苦戦を強いられた。天正十年には土佐の長宗我部《ちょうそかべ》氏を討伐すべく、神戸《かんべ》（織田）信孝《のぶたか》（信長の三男）を総大将として、四国方面軍が組織された。

このように、信長は各地を制圧するため、信頼できる重臣を方面軍の総大将に任命し、戦いを繰り広げた。戦いに際して、方面指令軍の総大将は信長との音信は欠かさなかったが、自らの力量で敵対勢力を服属させたのである。

一面的には捉えられない信長の軍事戦略

以上、信長の戦略などに触れたが、私たちが知るような革新的、あるいは豊かな戦術眼を持った信長像について、多少割り引いてみる必要があるのではないだろうか。

長槍、鉄甲船、鉄砲に関しては、たしかに『信長公記』などの二次史料などに興味深い記述を確認できる。とはいいながらも、それらの断片的な記述を過大評価している印象が拭《ぬぐ》えないところである。かなり困難ではあるが、武器の使用法や合戦で採用した作戦の具体像がうかがえる一次史料の出現を期待したい。

信長のパーソナリティーについても同じで、ことさら残虐性が強調されるが、そうした事例は他の大名でも見られる。信長の交渉戦術の中で、敵を許さず徹底して殲滅することは、相手に恐怖心を抱かせたのは自明であろう。しかし、戦争という究極の選択を迫られる状況下において、そういう心理状態になったのは決して信長だけではあるまい。

もう一つ重要なのは、電光石火で敵を滅ぼす事例がある反面、長期間にわたる交戦があったのも事実である。武田氏や大坂本願寺との戦いがそうである。光秀の丹波波多野氏の八上《やかみ》城（兵庫県丹波篠山《ささやま》市）攻略、秀吉の播磨《はりま》（兵庫県）別所氏の三木城攻略も同様である。各地で次々と敵が出現するので、手間取ったというイメージが残る。このような戦いの長期化は、敵の粘り強さによるところが大きく、信長の苦戦ぶりをうかがえる。

むしろ、信長の戦略や戦術の中で重視すべきは、優秀な家臣団を率い、手足のようにうまく使ったことであろう。それに加えて、他大名との巧みな外交戦略があったといえる。信長軍団が拡大化するなかで、信長個人の力量だけですべてを把握し、何事に対しても指示をすることは不可能である。早晩、組織化された家臣団を編成し、彼らに一定の権限と役割を与えることは避けられなかった。

そのように考えるならば、信長のパーソナリティーや二次史料に基づく過大な評価から距離を置き、改めて信長と諸大名、家臣団との関係から、戦術、戦略の評価を試みるべきである。

第六章

信長の作った城郭・城下町、その「幻想」と「現実」

——信長がもたらしたとされる城郭建築の「革命」は真実か？

光成準治

城郭の近世化とその画期性

織田信長《おだのぶなが》によって天正四年（一五七六）に築城された安土城《あづち》（滋賀県近江八幡市）は、土塁・掘立柱建物・茅葺《かやぶ》き屋根を特徴とする戦国期城郭から、高石垣・礎石建物・瓦葺《かわらぶ》き屋根を特徴とする近世城郭への移行の転機になったとされる。高石垣を導入することによって、柱の基礎に礎石を用い、厚い土壁・重層で屋根に瓦を葺いた建物（天主・櫓《やぐら》）を築くことが可能となり、戦国期城郭においては臨時的な施設に過ぎなかった建物は、恒久的な施設へと転換していった（中井：二〇〇八）。

また、このような転換は、城が単なる軍事的防御施設にとどまらず、権力のシンボルとしての「見せる城」の側面を持つようになることにもつながった（中井：二〇〇〇）。

石垣や礎石建物・瓦は古代以来、大きな寺院や山岳寺院に用いられていたし、戦国期における畿内大名の拠点城郭においても、石垣や礎石建物・瓦の使用例はあるので、信長が安土城において初めて導入したものではなかったが、それらを組み合わせて用いることによって、城郭中心部を特別な空間に仕立て、城全体を求心的な構造へと変革した点に、信長の画期性があったとする見解も見られる（千田：二〇一三）。

そこで、本章では、信長の築いた主要な城郭に着目し、それぞれの城郭構造上の特徴に加えて、城下町の空間構造や町における統治政策について考察することを通じて、信長の作った城郭・城下町は画期的だったのか、考えていきたい。

前代の模倣の域を出ない勝幡城

まず、永禄六年（一五六三）に信長が小牧山城《こまきやま》（愛知県小牧市）へ居所を移す以前に、信長が居所としていた城郭・城下町について見ていく。

信長は天文三年（一五三四）、尾張国《おわり》勝幡城《しょばた》（愛知県稲沢市）で生まれた。勝幡城は、尾張国守護《しゅご》・斯波《しば》氏の守護代《しゅごだい》織田家のうち、清須《きよす》守護代家（大和守《やまとのかみ》系）の奉行・織田信貞《のぶさだ》（信長の祖父）が築いたと伝わる。現在では、三宅川・日光川・領内川が合流する地点に位置するが、日光川は寛文六年（一六六六）頃から尾張藩によって開削《かいさく》された河川で、この開削によって、主郭の西半分が滅失している。また勝幡は、水運・商業の拠点として栄えた津島（愛知県津島市）と、勝幡織田家の主君大和守系織田家の拠点清須（愛知県清須市）とを結ぶ交通の要衝《ようしょう》であった。

天文二年（一五三三）、飛鳥井《あすかい》雅綱《まさつな》とともに伊勢《いせ》国桑名津（三重県桑名市）から船で津島に着

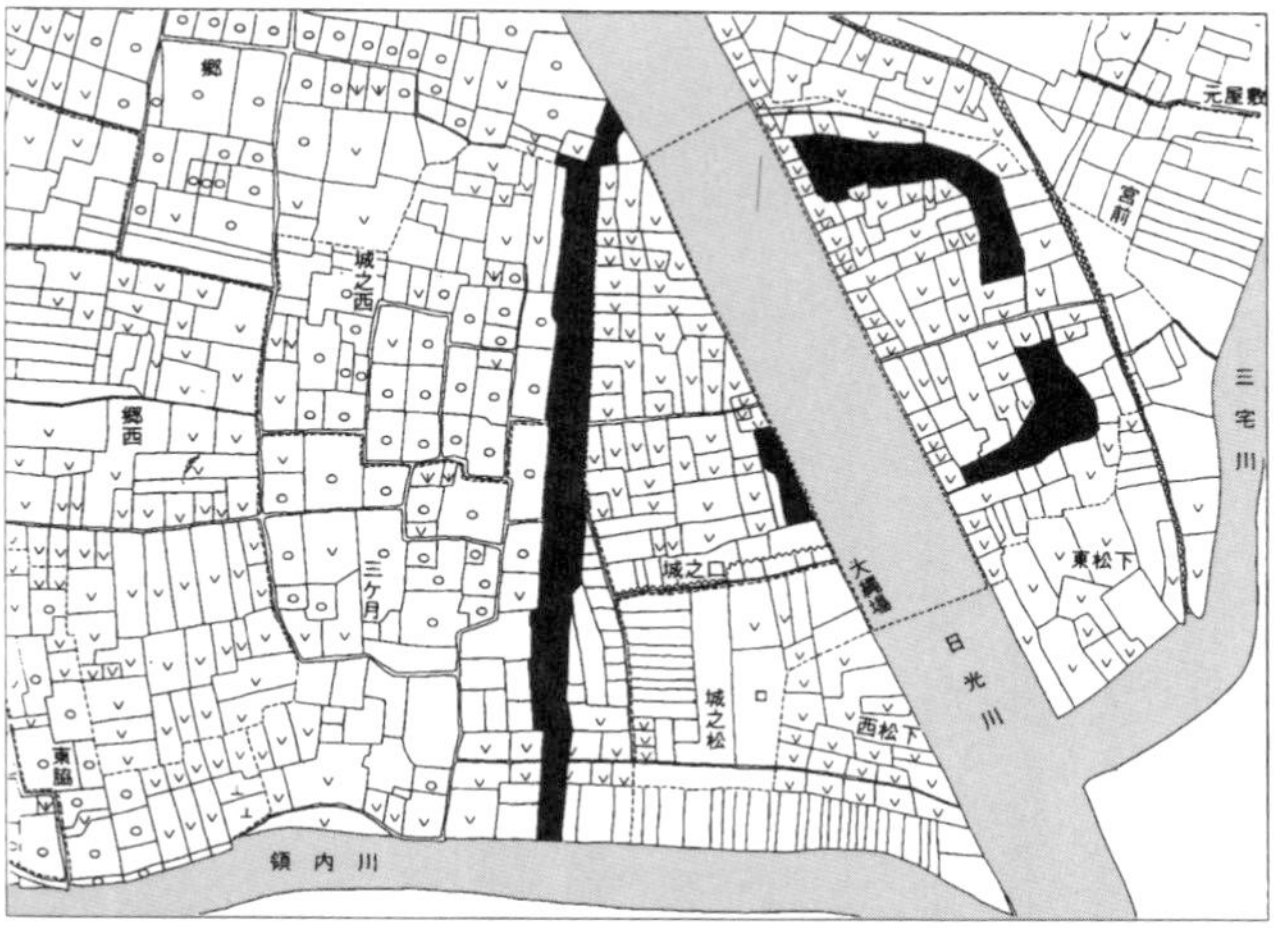

図1　勝幡城の平面構造。明治17年(1884)の地籍図をもとに作成されたもの（画像提供：愛知県教育委員会）

いた公家・山科言継《やましなときつぐ》が、信長の父（信貞の子）信秀《のぶひで》に迎えられて勝幡城へ赴《おもむ》いた際、新造された館の立派さに驚いており（『言継卿記』）、主殿や会所も備えていたと考えられる（千田：二〇一三、鈴木二〇一三）。

江戸時代に描かれた絵図（名古屋市蓬左文庫蔵「中島郡勝幡村古城絵図」）や地誌（「尾陽雑記」）、明治期の地積図を用いて復元された勝幡城の平面構造が図1である（鈴木：二〇一三）。主郭の規模は南北約九十メートルで、清須守護代家と対立関係にあった岩倉守護代家（伊勢守系）の居所岩倉城の規模（主体部東西百二十五メートル・南北百七十五メートル、そのうち、中心部の曲輪《くるわ》が東西四十三メートル、南北百メートル）と遜色《そんしょく》ない（金子：二〇〇六）。

十五～十六世紀前半の戦国大名・国人の居館は方形《ほうけい》であることを共通の特徴とし、凹凸《おうとつ》のある自然地形を無視、盛土整地によって館を整備することを通じて、権威を示したとされる（仁木：二〇〇六）。勝幡城の規模や城郭構造の特徴は、信長が生まれる前後の勝幡織田家が、守護あるいは守護代に匹敵する程度の権力を獲得しつつあった状況を示している。

また、『言継卿記』は、居館の周囲に家臣団屋敷や寺院が立地していたことを記しているが、城下町の詳細な構造を明らかにすることは困難である。

いずれにせよ、勝幡城及びその城下町は、足利政権や守護・守護代によって整備された居館・都市を模倣《もほう》したものであった。

家臣団との連合政権をうかがわせる那古野城

次に、天文十三年（一五四四）頃から、信長の居城となったとされる那古野《なごや》（那古屋）城（愛知県名古屋市）について考察する。那古野は名古屋台地の北西端部に位置し、駿河《するが》・遠江《とおとうみ》国守護今川《いまがわ》氏の庶流で、幕府奉公衆《ほうこうしゅう》であった那古野今川家が拠点としていたが、信秀によって天文七年（一五三八）頃に攻略された。

その結果、信秀の勢力が尾張国東部に及び、名古屋台地の南端で伊勢湾に面する熱田《あつた》社の門前町・港湾都市熱田を掌握することを主たる目的として、信秀は居所を那古野へ移した。その後、天文十三年頃に信秀が熱田の北に位置する古渡《ふるわたり》城（同前）へ移り、那古野城は信長の居城となった（下村：二〇〇六、鈴木：二〇一三）。

那古野城は天正十年（一五八二）頃に廃城となったのち、江戸期の名古屋城普請《ふしん》によって、現状ではその痕跡を留めていない。

一方、発掘調査の成果から、信秀期に居館を中心とした方形地割が拡大し、武家屋敷に加えてその中に寺社が創建・再建され、町家・市場の再編も行われたと推測されている（鈴木：二〇一三）。

中心部の信秀・信長の居館の規模が一辺約百メートルであるのに対して、有力家臣層のものと推測される周囲の館の規模は一辺約五十～八十メートルであり、規模の面では当主の居館が卓越しているが、宿老層の館を囲む堀は最大で幅が十三メートル以上、深さ四メートル以上という本格的なものであり、宿老層の館に比べて当主の館の防御力が格段に優れているとはいえなかった。発掘調査の成果から推測される那古野城期における信秀・信長権力は、有力家臣層との連合的な性格を有していたといえる（千田：二〇一三）。

いまだ全権を掌握していなかった？　清須城の展開

信秀は天文十七年（一五四八）、古渡城から末森城（愛知県名古屋市）へと移転したが、天文二十一年（一五五二）に死没し、信長が当主となった。当主となった後も、信長は那古野を居城としたが、天文二十三年（一五五四）、清須守護代家を滅ぼして、清須城（愛知県清須市）へ移った。清須城は五条川中流域の標高二〜五メートルの沖積地《ちゅうせきち》に立地しており、上流には文明八年（一四七六）以前の守護所下津《おりづ》（愛知県稲沢市）や、下津と並ぶ守護所岩倉（愛知県岩倉市）が、下流には萱津宿《かやづじゅく》（愛知県あま市）が存在する。

清須においては、文明十年（一四七八）以前に守護所が下津から移転して置かれていた一方で、天正十四年（一五八六）に、信長の次男・信雄《のぶかつ》によって大改修が行われているため、発掘調査の成果を用いて、信長移転〜信雄改修以前における清須及びその城下町の特徴を見ていく（鈴木：二〇〇六）。

方形居館の規模はそれ以前の時期と同様（約百メートル四方）であるが、主郭に瓦葺き建物が建設された。また、城下町においては、方形区画の武家屋敷の数が減少し、その跡地に短冊《たんざく》形の町家が建設された。ただし、それらの整備時期が、永禄六年（一五六三）に信長が居城を小牧山へ移転させる以前に遡《さかのぼ》るという確証はない。なお、金属製品生産の操業は信長居城期に遡ると推定され、城下における町家の展開という点においては、信長居城期に一定の進展を見たといえる（愛知県埋蔵文化財センター：二〇一三）。

『信長公記《しんちょうこうき》』によると、信長入城当時の清須城には、守護の居住する「御殿《ごてん》」のほか、「南矢《や》蔵《ぐら》」「北矢蔵」「北屋蔵」と呼ばれる空間が存在している。「南矢蔵」「北矢蔵」は単なる櫓状の建物ではなく、独立した館城であった可能性が高く、清須城期においても、信長権力の求心力が高くなかったことをうかがわせる（千田：二〇一三）。

総括すると、城郭・城下町構造から見た小牧山城移転以前の織田権力は、先進的であったとはいえない。美濃《みの》（岐阜県）国守護・土岐《とき》氏の整備した大桑《おおが》など、一五三〇年前後から全国的には山上と山下をセットにした拠点形成が進行していたが、同時期の織田権力は幕府―守護体制を否定する段階に達していなかったといえよう（仁木：二〇〇八）。

近世化への過渡期的存在――小牧山城とその城下町

永禄三年（一五六〇）の桶狭間《おけはざま》の戦いにおいて今川義元《いまがわよしもと》を敗死させたのち、永禄四年（一五六一）に三河《みかわ》（愛知県）の松平元康《まつだいらもとやす》（のちの徳川家康《とくがわいえやす》）との連携《れんけい》関係を構築した信長は、永禄六年、小牧山へ居城を移した。居城を移転させた信長の意図として、①松平氏との連携に加えて、犬山（愛知県犬山市）の織田信清《のぶきよ》（信長の従兄弟）を除く尾張国内の領主層を服属させたことに伴い、美濃への進攻を本格化させるための拠点を構築すること、②守護権力の下で、国内領主層が並立する体制が終結したことを可視化するためのシンボルを築造すること、があげられる。

小牧山は濃尾平野東部の比高《ひこう》（山〈台地〉麓から山〈台地〉頂上までの高さ）約六メートルの洪積《こうせき》台地上に独立して存在する比高約七十メートルの独立丘で、城下町は洪積台地西端に形成された。清須から北東約十一キロメートル、犬山から南南西約十キロメートルで、両者の中間に位置している。台地の西麓には五条川支流の巾下川《はばしたがわ》が北から南へ流れており、水運に恵まれていた（中嶋：二〇〇八）。

永禄十年（一五六七）に美濃斎藤《さいとう》氏を降した信長は居城を岐阜へ移して、小牧山城は廃城となった。したがって、小牧山城の構造上の特徴は、永禄六～十年時点において信長が目指した城郭のあり方を示すものである。

ただし、天正十二年（一五八四）の小牧長久手《こまきながくて》の戦い時に、徳川家康勢によって陣城として利用されており、その際に改修が加えられた点については留意する必要がある。そこで、近年、継続的に実施されている小牧山城及びその城下町に関連する発掘調査の成果を用いて提示された見解に注目したい（中嶋：二〇〇六・二〇〇八、小野：二〇一三、小牧市教育委員会：二〇一五・二〇一六・二〇一八）。

城郭について、天正十二年の改修は、主として山麓《さんろく》と中腹の堀や土塁、虎口《こぐち》のみで、曲輪群は信長居城期のままである可能性が高い。南東麓の曲輪（一辺七十五メートル）に信長の居館が存在したと推定され、その曲輪から北麓に向かって、山を取り巻くように堀で区画された一辺四十五メートル規模の武家屋敷を配置している（図2・中嶋：二〇〇六）。

主郭下の斜面では三段の石垣が検出されており、最上段の石垣は一石二トン以上の巨石で構成され、高さは二・五～三・五メートルと推定される。二段目の石垣は約五十センチメートル大の自然石で構成され、高さは約一・五メートルと推定される。三段目の石垣は約三十～五十

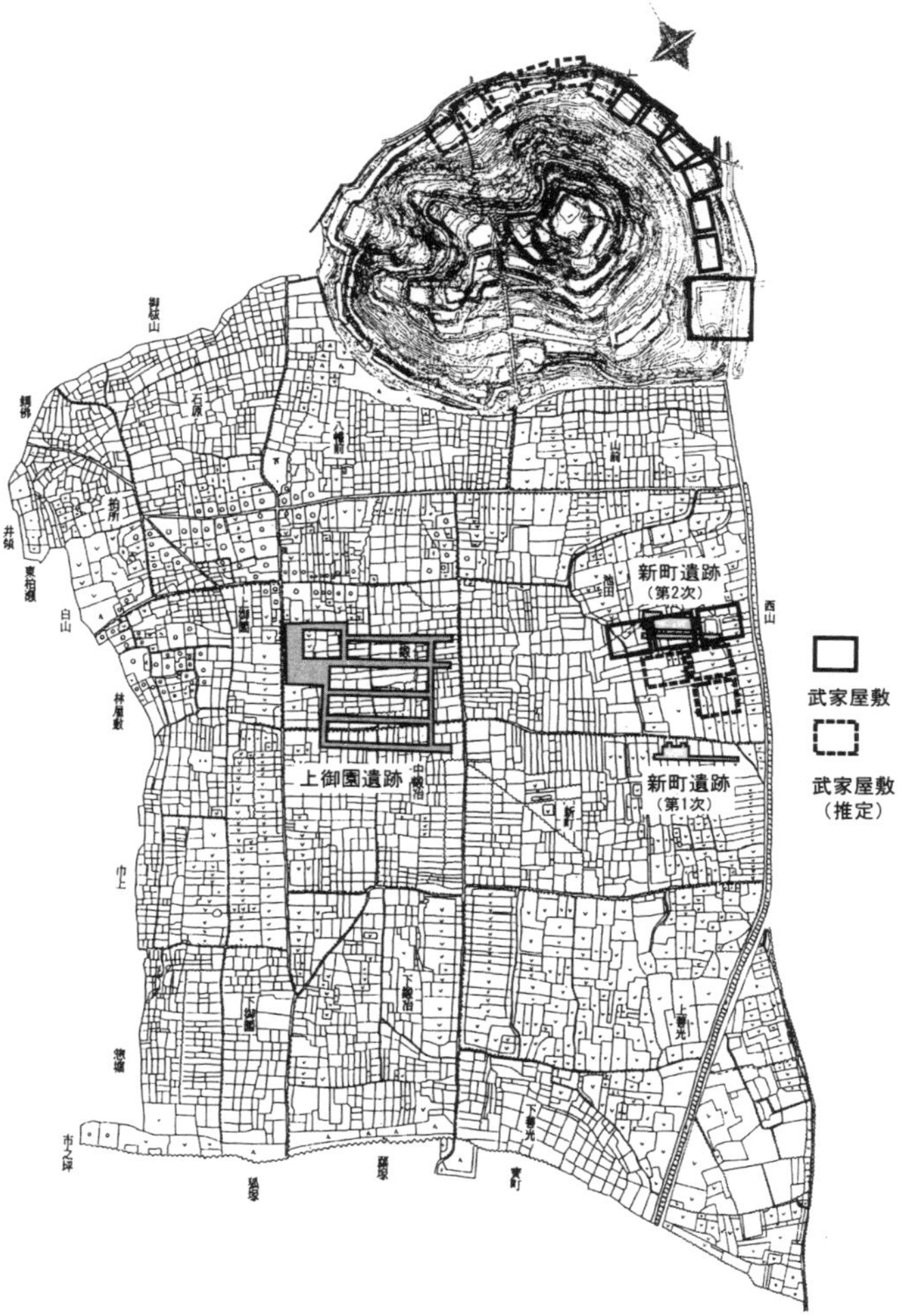

図２　小牧城下町発掘位置図。昭和２年（1927）小牧山地形測量図と明治14年（1881）地籍図を合成したものに、発掘位置、武家屋敷位置を記入したもの（内堀信雄、鈴木正貴、仁木宏、三宅唯美・編『守護所と戦国城下町』高志書院〈平成18年〉より転載）

センチメートル大の小ぶりな石で構成され、擁壁《ようへき》としての機能を重視した腰巻石垣と推定される。野面《のづら》・布積みで隅角部の算木積みは見られない。主郭における建造物の構造は不明であるが、瓦葺き建物の存在はうかがえない。

主郭の他、中腹から上の曲輪群と大手道においては、石垣・石積みが見られるが、麓《ふもと》の居館・武家屋敷は石を伴わない。礎石建物について、東搦手《からめて》虎口に門、主郭南下の曲輪に二棟の館・屋敷の立地が確認された。後者については、主郭付近や山麓においてほとんど出土していない茶器・青磁などの高級品が出土していること、建物周囲に精緻《せいち》な玉石敷をめぐらせていることから、信長のための特別な生活空間が置かれていた可能性が指摘されている。

これらの遺構から、小牧山城は石を多用する点において、尾張における近世城郭の端緒といえるが、防御面を重視していたとは考えられない。南麓の城下から見上げたときの印象や大手道を通って主郭へ至る途中での視覚を重視した点に、信長の城づくりの独自性が見られる。

城下町は、東部の武士団居住域と西部の商工業者居住域に分かれている。

武士団居住域においては、周囲に幅二メートルの堀と幅三メートルの土塁をめぐらし、内部の二棟の掘立柱建物が存在する東西四十五メートル・南北三十五メートルの長方形区画（上級家臣屋敷と推定される）の他、中・下級家臣屋敷と推定される町家に比べて間口の広い短冊《たんざく》形地割が確認された。上級家臣団居住域と中・下級家臣団居住域との完全な分離は実施されていない。一方で、山麓部に加えて、洪積台地部にも上級家臣屋敷が存在していることから、上級家臣の集住が始まっていると考えられる(中嶋:二〇〇八)。

商工業者居住域には、二本の並行する道路の両側に短冊型地割が配置され、二本の道路に挟まれた区域に長方形街区が形成された点に独自性が見られる(仁木:二〇〇八)。

総括すると、高石垣・礎石建物については部分的導入、瓦葺き屋根については未導入であり、城郭の近世化は過渡的段階にあった。城下町についても、独自性は見られるが、家臣団の城下への常住が進んだとはいえなかった。

山頂居館で威光を示す――岐阜城とその城下町

岐阜城(稲葉山城《いなばやま》)は比高約三百メートルの稲葉山(金華山)及びその山麓を城域とする。稲葉山は古代から井奈波《いなば》神社が立地していたが、十六世紀前半には、斎藤氏あるいは長井氏によって城郭化されたと考えられる。井口城下町の整備は斎藤道三《どうさん》によって行われた。以降、道三の子・義龍《よしたつ》、その子・龍興《たつおき》の本拠として機能したが、永禄十年(一五六七)、織田勢によって攻略され、信長の居城となった。

信長が天正四年(一五七六)に安土築城を始めると、信長の嫡子《ちゃくし》・信忠の居城となった。天正十年の信長・信忠横死後には、信長三男・信孝《のぶたか》、池田氏、羽柴秀勝《はしばひでかつ》を経て、信長の孫・秀信《ひでのぶ》の居城として機能したが、慶長五年(一六〇〇)の関ヶ原《せきはら》の戦いにおいて、秀信が西軍に荷担したため、東軍の攻撃をうけて落城。戦後、秀信は改易《かいえき》されて、岐阜城は廃城となった（内堀：二〇〇八）。

このため、信長の作った城郭・城下町の特徴について考察する際には、永禄十年～天正四年の信長居城期に焦点を絞る必要がある。そこで、ポルトガル人宣教師ルイス・フロイスが永禄十二年（一五六九）に信長を訪問して、岐阜城を案内された際の記録から推定される岐阜城の構造上の特徴を見ていく（千田：二〇一三、加藤：二〇一六）。あわせて、発掘調査によって検出された遺構については、ある程度の年代特定が可能であることから、発掘調査の成果も参照していきたい（岐阜市教育委員会、岐阜市教育文化振興事業団：二〇一五、二〇一六）。

岐阜城の山麓には「宮殿」、山頂には「主城」が立地しており、山麓と山頂の双方に大名当主のための空間を設けるという戦国後期における有力大名城郭の特徴と同様であるが、豊後府《ぶんごふ》内《ない》（大友）・周防山口《すおうやまぐち》（大内）・駿河駿府《するがすんぷ》（今川）・甲斐甲府《かいこうふ》（武田）といった守護を出自とする大名の場合、山頂の空間が平時の居所として利用されていなかったのに対して、岐阜城において信長やその家族は山頂を居所としていた点に特徴がある。

山頂を居所とした理由については、山上に自らを位置づけることで権威を示そうとしたとする見解が有力である（仁木：二〇〇八）。フロイスによると、山頂居館へ向かう山道には、防御施設としての門を備えた堡塁《ほるい》が設けられていた。また、居館内部の信長居室への立ち入りは厳重に警備されていた。この点についても、単なる防御のためではなく、信長の権威を示す意図があったと考えられる。

ただし、二〇一九年（平成三十一）一月～四月に実施された発掘調査によると、山頂部において信長期の石垣に比べて小ぶりであるが、斎藤道三期の石垣が検出されており、山頂部における石づくりの城郭構造が信長によって創造されたとはいえない。最大のもので長さ一・四メートル、高さ一・六メートルという巨石を用いたこと、すなわち、見せる城づくりの点に信長の独自性が見られる。

山麓居館においては、高さ二メートル以上の巨石列によって、信長居館区域内と区域外を明確に区分し、信長居館区域には、巨石などによって構成された池を備える庭園や、それに面した数棟の建物（一部は歩廊で連結）が存在し、とりわけ、信長の居所は四層構造で、内部の広間は金で装飾され、豪華な屏風《びょうぶ》や襖絵《ふすまえ》で飾られていた。発掘調査の成果から、屋根の棟部分に金箔瓦《きんぱく》が用いられていたと推定されており、安土城に先行して金箔瓦の使用が始まっていた。四層構造の居館が、四階建ての天主様式であったか、数段の敷地に建てられた御殿を連結したものかは確定できない（図3）。

城郭について総括すると、信長権威を可視化するための城づくりという点においては画期性が認められるが、石垣を用いる構造が斎藤氏（道三系）期に遡《さかのぼ》ることや、山麓居館の全体構造が室町幕府の花の御所に類似していること、居館の屋根自体は板葺き・檜皮《ひわだ》葺きと推定されていることなどから、近世城郭の端緒となったと評価することはできない。

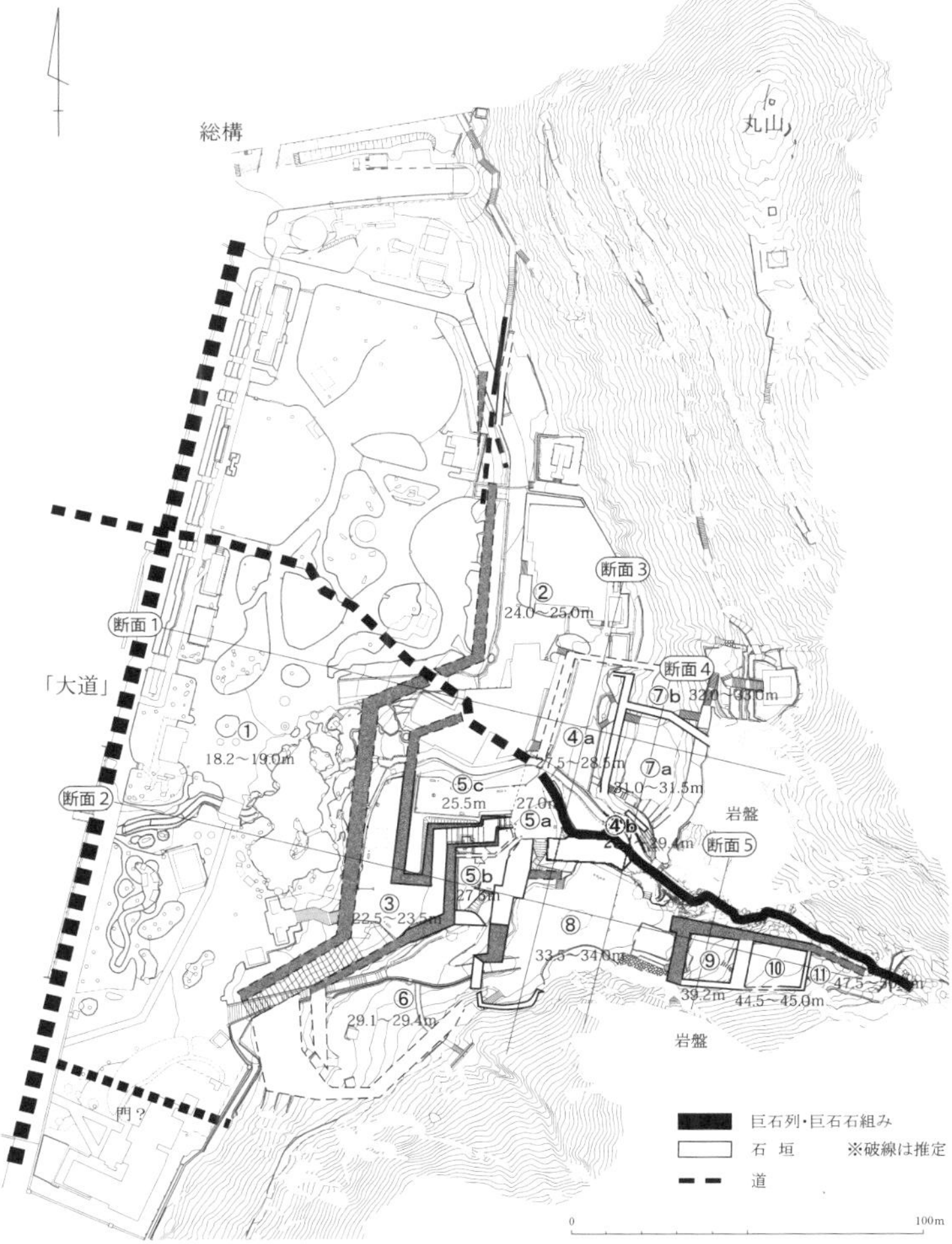

図3　岐阜城山麓居館跡地形復元図
（画像提供：岐阜市教育委員会）

「信長の城下町」の特色とは？

次に、城下町について、主として発掘調査の成果を用いて、その特徴を見ていく（恩田：二〇〇六、内堀：二〇〇八）。

のちの山麓信長居館区域において、斎藤氏（道三系）期にはすでに居館が整備されており、城下町区域の東半分の整備も進んでいた。また、斎藤氏（道三系）期に整備されたと推定される戦国期の居館域と武家屋敷地区を画する南北道路（「大道」）が信長期に廃絶した一方で、出土土師器《はじき》皿については、斎藤氏（道三系）期と信長期との間に大きな変化は見られない。

このような発掘調査の成果からは、信長期に岐阜城下町の整備が飛躍的に進展したとは考え難い。信長は道三期に整備された城下町構造を基本的に継承したと考えられる。小牧城下町において見られた長方形街区の整備も、信長期の岐阜においては十分でなかった可能性が高い。

城下町整備は自然地形やそれ以前の整備状況に規定される要素が大きく、規定要素の少なかった小牧城下町に比べて、岐阜の町の改造には多くの障害があった。一方、永禄十一年（一五六八）に上洛《じょうらく》を果たした信長にとって、岐阜は居城と位置づけられるものの、常時居住していた場所ではなく、家臣団も京都をはじめとする畿内及びその周辺地域に展開していた。信長には、岐阜を織田政権の首都と位置づける計画はなかったと考えられ、障害を乗り越えて岐阜の町を改造する必然性は乏《とぼ》しかった。家臣団集住についても岐阜期に進展したとはいえない。

安土城の画期性とは何か？

安土城は信長の居城のあった岐阜と首都京都とのほぼ中間に位置する琵琶湖《びわこ》東岸の安土山（滋賀県近江八幡市）に築かれた。安土山（当時は目加田山）は比高約百十メートルの独立丘陵で、現在は干拓《かんたく》によって琵琶湖から隔《へだ》てられているが、当時は北・東・西の三方を琵琶湖の内湖に囲まれており、水運に恵まれるとともに、四方の見通しのきく要害の地であった。

独立丘陵という点においては小牧山城と同様であるが、比高の面では小牧山城より高い。小牧では築城に先行する町は形成されていなかったが、安土の場合、薬師寺領の荘園豊浦庄や、近江源氏《おうみげんじ》佐々木氏の名字の地・佐々木庄内の常楽寺《じょうらくじ》寺内町が先行して存在していた。とりわけ、常楽寺は信長が岐阜と京都とを往復する際の宿所であり、長浜→常楽寺→堅田《かただ》・坂本というコースを採っていた（木戸：二〇〇八、松下：二〇〇八）。

したがって、安土は岐阜を居城としつつ京都との往復を必要とした信長にとって、その中間に位置するという意味で拠点を設けるのに最適の地だったのであり、当初から織田政権の首都の機能を持たせる意図があったと断定することはできない。また、先行する町・集落の存在が城下町の構造に影響を与えたことも否定できず、信長によってゼロから整備された城下町だったわけではない。

いずれにせよ、安土城及びその城下町の基本的構造が成立していた期間は、天正四年の築城から天正十年の安土城焼失までに特定でき（天正十三年〈一五八五〉まで焼失を免《まぬが》れた山腹・山麓の曲輪や城下町は利用されたと推定されるが、大きく改変された形跡はない）、信長の作った城郭・城下町の最終形態を示すものである。天下一統を目指す中途において横死したため、結果として最終形態になったに過ぎないが、信長の作ったそれ以前の城郭・城下町と比べて、何を継承し、何が画期的であったのか、その特徴を見ていきたい。

安土城に見る、公権力の在所と軍事的拠点の一体化

城郭について、小牧山城・岐阜城における山頂・山麓という居館の二元構造が、山頂における居館に一元化した。大友・大内・今川・武田といった守護を出自とする有力大名が山麓居館を常住の居所とする二元構造を採っていたのに対して、信長は小牧山城・岐阜城において山頂居館を常住の居所とする二元構造を採り、最終的に安土において山頂居館一元構造を採った。しかし、信長によって山頂居館を常住の居所とすることが創始されたのではない。

毛利《もうり》氏の吉田郡山城《よしだこおりやま》（広島県安芸高田市《あきたかた》）は元就《もとなり》期から山頂居館が常住の居所であり、かつ、政庁としても機能していた。尾根《おね》筋や大手道など山腹の通路沿いに家臣団屋敷が立地している点も共通している（図4）。

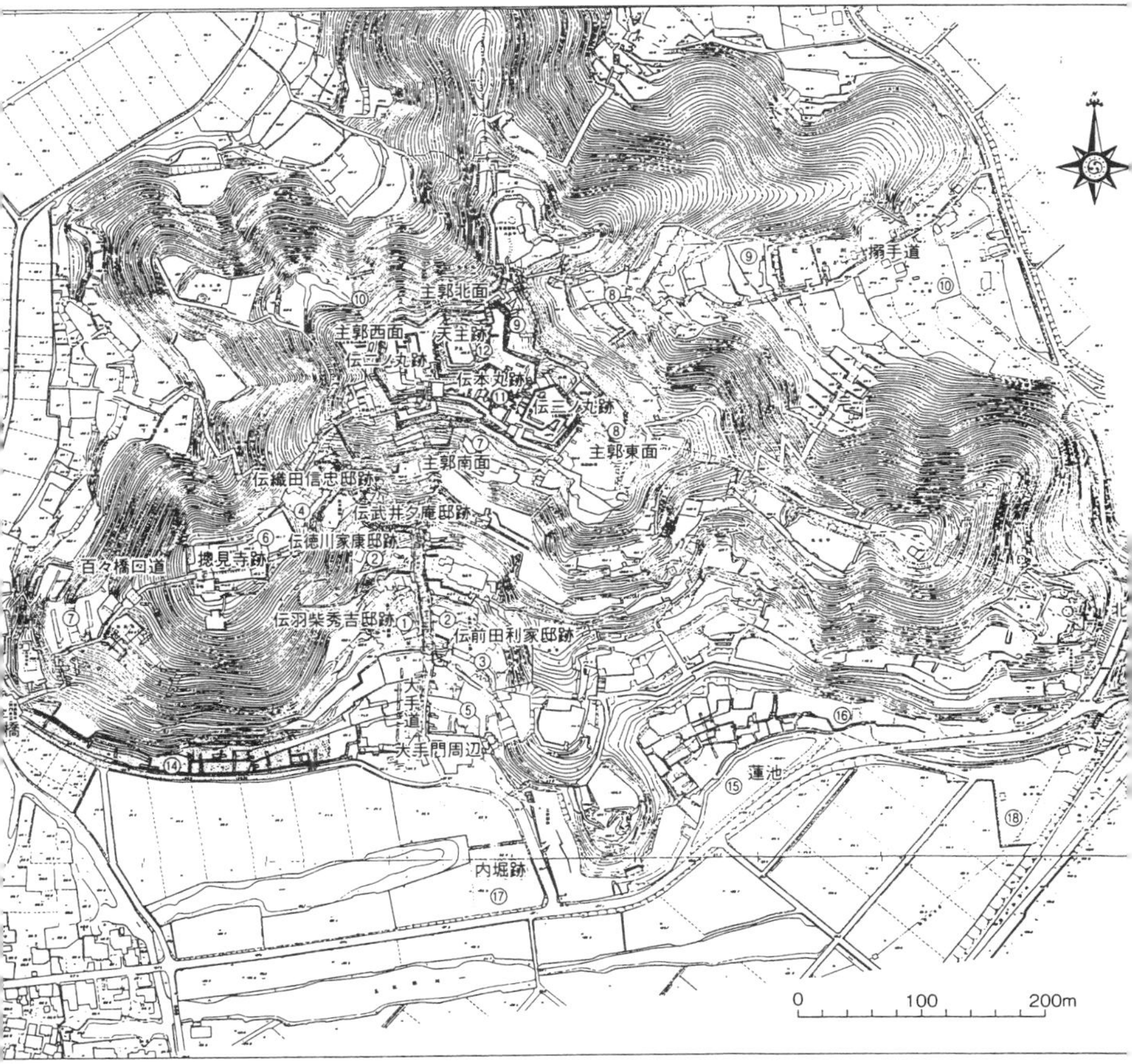

図4　安土城平面図。南面に家臣団の屋敷が立地している様子がわかる。丸数字は平成元年度から平成20年度まで実施された発掘調査年度を示す
(画像提供:滋賀県教育委員会)

河内高屋城《かわちたかや》（大阪府羽曳野市《はびきの》）は、当初、守護・畠山氏《はたけやま》の詰城という軍事的拠点であったが、三好長慶《みよしながよし》の進出以降、政庁機能、家臣の集住、宗教機能が付加されていった。六角氏《ろっかく》の居城であった近江観音寺城《おうみかんのんじ》（滋賀県東近江市）においては、十六世紀前半段階で、山城《やましろ》内部の曲輪に国衆の屋敷・居所が整備されていった。公権力の在所と軍事的拠点の一体化は、畿内及びその周辺地域の有力大名が信長以前に指向しており、信長が創始したものではない（福島：二〇〇六）。

総石垣づくりの城としての安土城

次に、初めての総石垣づくり（城の曲輪や通路の周囲、建造物の土台部分などにすべて石を積み上げた構造）の城とされる点について検討する。

近年の発掘調査によって、永禄三年（一五六〇）に三好長慶の居城となった飯盛城《いいもり》（大阪府大東市、四條畷《しじょうなわて》市）における石垣の多用が明らかになった（大東市教育委員会、大東市立歴史民俗資料館、四條畷市教育委員会、四條畷市立歴史民俗資料館：二〇一八）。安土城が総石垣づくりとされる点もイメージに過ぎない。実際には、主郭部やそれに至る通路・通路沿いの曲輪に石垣を用いたものである。

安土城以前の城郭に比べて、石垣を用いた箇所が非常に多いという点では画期的な城郭といえるが、石垣の約七割は高さ一・八メートル以下で、五・四メートル以上の高石垣は全体の約三パーセントである。大部分は自然石を積み上げた野面積みで、算木積みも発展途上と評価されている（加藤：二〇一六）。

礎石建物や瓦葺き屋根の面から見ると、信長の作った城郭では初めて「天主《てんしゅ》」が築造されたと考えられるが、松永久秀《まつながひさひで》によって永禄三年頃から築造されたと推定される大和多聞山城《やまとたもんやま》（奈良県奈良市）においては「四階櫓」が存在し、瓦葺き屋根・白壁・室内の障壁画といった近世城郭の特質も備えている。

したがって、安土城の築造によって城郭の近世化が飛躍的に進展したとはいえない。曲輪配置の面でも、天主を中心として山を階段状に削平《さくへい》し、その中央に登山道を設けるという特徴は、観音寺城や小牧山城と類似するとされ、中世の山岳寺院的な構造を導入したものであり、安土城を先進的・近世的であると評価することに疑問も呈されている（中井：二〇〇八）。

一方で、発掘調査によって、幅六～七メートルで高さ三メートルの石塁に囲まれた直線約百八十メートルの大手道の存在が確認され、その入口には大手門が設けられていたと推定される（加藤：二〇一六）。このような構造について、天皇行幸を前提としたものとする見解もある（木戸：二〇〇三、松下：二〇〇九）。この見解の成否は保留するが、いずれにせよ、周囲を威圧する効果を有していたと考えられる。安土城における高石垣・礎石建物群・金箔瓦・室内の装飾などは、単体で見ると、安土城を端緒とするものではなく、信長によって創始されたものでもない。

結論として、城郭構造の面から見たとき、信長は革命的であったとはいえない。しかし、それらや大手道のような偉容な景観との視覚上の総合的効果によって、信長の権威の強大さを見せつける効果があった。「見せる」ことへのこだわりが、信長の城づくりの画期性であったといえよう。

安土城下町の構造

発掘調査の成果から安土城下町の構造・その推移について、新たな見解が提示されている（坂田：二〇〇八、松下：二〇〇八）。

安土城築造に際して蒲生《がもう》郡条里を改変して新たな町割を施したという従来の通説は否定され、中世において条里を改変して形成されていた活津彦根《いくつひこね》神社の参道など、地形に対応して形成・存在していた道路を基準として主軸道路を敷設し、さらにその主軸道路を基準として町が整備されたと推定されている。整った並行関係にない主軸道路を基準としたため、宅地割は規格性・統一性に乏しく、長方形街区が整備された小牧城下町よりも町の構造という点では後退したとも評価される（仁木：二〇〇八）。

また、安土城下町において給人《きゅうにん》（信長から所領を給与・安堵《あんど》された家臣）居住域と市場が分離している二元的構造が克服されたという見解と、下豊浦の舌状台地の南端で、東西幅の最も狭い位置に「惣構《そうがまえ》どて」と呼ばれる土手が築造されたため土手の内と外という二元的構造が残存したという見解との対立が見られる。天正五年（一五七七）に発布された「安土山中町中掟《おきて》書《がき》」（近江八幡市立資料館所蔵）において楽市《らくいち》とされ、「諸座・諸市・諸公事」の賦課《ふか》を免除された対象についても、前者の見解は「惣構どて」の外も含む安土城下町全体とするが、後者の見解は「惣構どて」内部のみとしている（小島：二〇〇五、仁木：二〇〇八）。

筆者は「惣構どて」の築造によって、その内部において給人居住域と市場とを一元化する指向性を有していたと評価したい。ただし、常楽寺地区・慈恩寺地区を「惣構どて」の外に位置づけた点については、楽市形成の対象を内部に限定することによって、寺内町において形成されていた既得権益層との融和を図った可能性を指摘しておきたい。

家臣団集住の面においても、常住を進めようとしたこと、天正八年（一五八〇）には中級クラス以上の家臣団屋敷建設が完了していることから、その指向性はうかがえるが、天下一統戦争の中途という要因もあり、常住を貫徹することはできなかった（仁木：二〇〇八）。

結論として、城下町構造の面から見たときも、信長は革命的であったとはいえない。楽市政策も、六角氏による天文十八年（一五四九）の観音寺城下石寺新市における発布を嚆矢《こうし》として、他の戦国大名領国においても発布されており、信長が創始した政策ではない。城下町政策の面でも革命的であったとはいえないのである。

このように、城郭・城下町の面から見た場合、信長による「革命」は幻想に過ぎない。しかし、先行していた近世的要素を統合、あるいは進化させようとしたことは認められ、その指向性が後継者である豊臣秀吉や徳川家康に大きな影響を与えたことは明白である。その意味においては、漸進《ぜんしん》的「革命」の一端を担ったと評価してもよいのではなかろうか。

第七章

信長の経済政策の「革新」と「保守」

――「経済システム大変動期」の端境の存在としての信長像

廣田浩治

「経済システムの中の信長」という新しい視座

織田信長《おだのぶなが》の経済政策はこれまで長い間、中世の経済システムを破壊して中世から近世の転換を推し進めた革命的な政策と評価されてきた。信長による楽市楽座《らくいちらくざ》令や関所の撤廃は学校教科書にとりあげられて知名度が高い。今でも信長の経済政策を革命的なイメージで理解している方々が多いことと思う。

こうした理解に対しては以前から、信長の経済政策には革新的な面だけでなく、従来の座・関所・都市特権や自治都市を容認する保守的な側面があり、その政策も成功したとはいえないと批判する研究があった（脇田：一九八七）。さらに後述するように近年も、信長の経済政策に一定の前進性は認めつつも、その限界や現状維持的な性格を強調する実証研究が再び現れている。その一方で信長の経済政策の革新性を評価する見方も根強い。しかしいずれの学説であれ、「信長は革命児」という思い込みを脱して、信長の経済政策を実態に即して研究しようとする方向にある。

実は信長の経済政策を評価することには色々な困難がある。まず織田政権は短命で終わったため、その経済政策の展開を追いかけるには関係史料が少ない。次に「信長が長く生きていたらこうしただろう」という期待が入り込みやすいため、信長の政策や構想を冷静に考えることが難しい。

また信長は短期間で一大名から中央政権の権力者へと変質しており、信長の経済政策にもそれに伴う変質や断絶があるため、信長の経済政策を一貫した戦略にもとづくものと考えるのは適切でない。さらに信長と次の豊臣《とよとみ》政権では研究上の断絶があるため、信長の経済政策を豊臣・徳川《とくがわ》政権とのかかわりで評価できる研究段階にはない。

さらに大きな問題がある。これまでの信長の経済政策研究には論じられるテーマに偏《かたよ》りが強く、論じられていない課題がまだある。特に研究が当時の日本列島の経済システム全体やシステムを支える慣習と思想を対象に捉《とら》えたものになっていない。こうした問題に対するには、信長の経済政策の研究課題には何があるかを認識せねばならない。それとともに「信長の経済政策」という問題の立て方だけでなく、「経済システムの中の信長」という研究の視点を持つ必要があるのではないだろうか。

信長の専売特許ではなかった楽市楽座

信長の商業・流通政策のうち近年特に研究が進展しているのは、楽市楽座令や撰銭令《えりぜにれい》の研究である。この他に関所政策・道路整備・琵琶湖《びわこ》交通政策・枡《ます》の統一・銀山支配・徳政令《とくせいれい》の研究があるが、以下に一つ一つ見ていこう。

楽市楽座令は、「自由な商業」と「座（営業特権を持つ商工業団体）の撤廃」を定めた政策として信長の専売特許のように見られていた。そうした通説が誤っていることは早くから指摘されていた。信長の楽市楽座令について最新の研究（長澤：二〇一七、二〇一九）もまた、楽市楽座令についての通説を覆《くつがえ》すものである。以下、それを紹介しよう。

まず楽市または楽座を定めた法令や判決は二十二例しかなく、楽市楽座令も数例しかない。信長以外の各地の大名も楽市令を出している。また権力が楽市令を出す以前から存在していた楽市場のあり方を追認した楽市令もある。それらは「楽市」であることをアピールして商人を招致する時限的な法令であった。このため楽市令が出されたからといってその市場が繁栄していくとは限らない。信長の初期の楽市楽座令もすでに存在する楽市を追認したものである。

楽市と楽座を一つの法令で定めた点には、確かに信長の特徴があるが、これもまた市の経済活動のあり方を定めた恒久的な法ではない。それは個々の市場や地域住民のさまざまな問題や要求に対応して市場の平和を定めた個別的な法令である。楽市楽座令の完成型とされる天正五

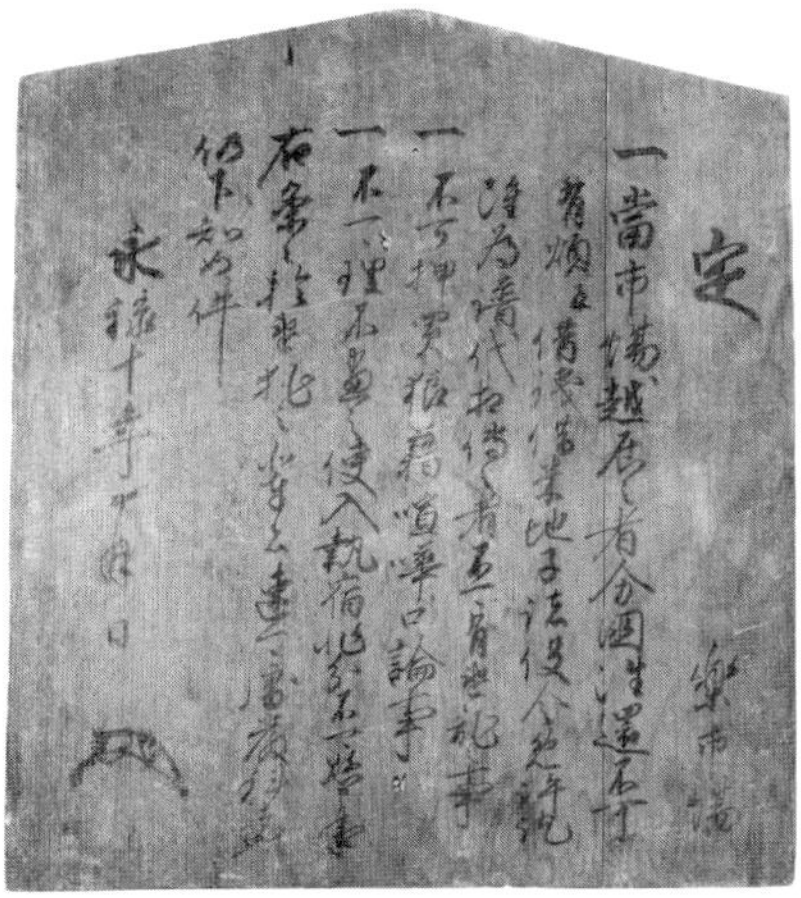

永禄10年(1567)、岐阜にて出された楽市場あて信長制札
(画像提供:岐阜市歴史博物館、円徳寺所蔵)

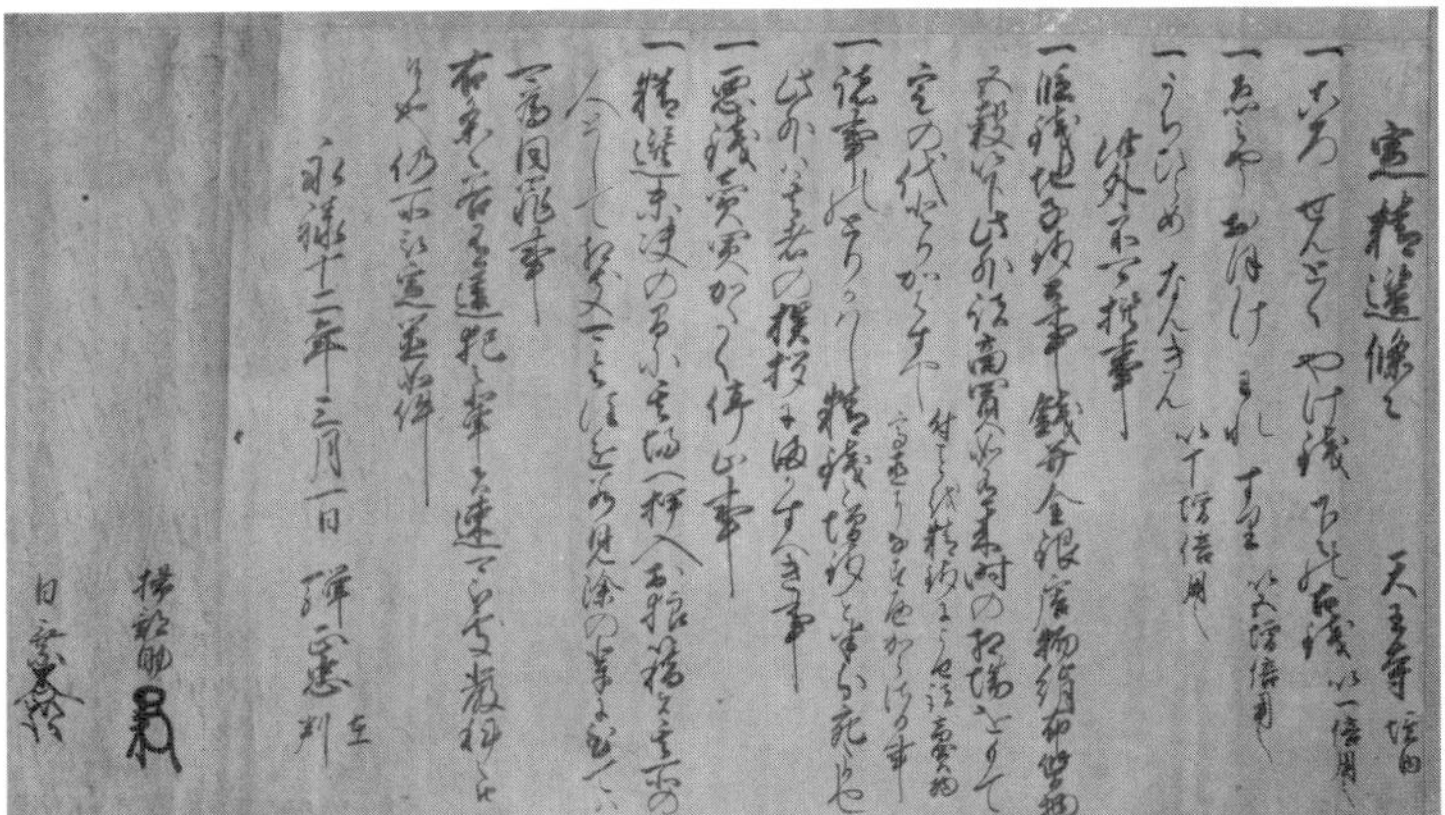

四天王寺所蔵の「信長撰銭令」。永禄12年(1569)に出されたもの
(画像提供:四天王寺)

年（一五七七）の安土《あづち》城下（滋賀県近江八幡市）の楽市楽座令も、長期間にわたって自由な経済活動を保障する法ではなく、安土のある近江《おうみ》国の地域経済構造に応じて城下町の振興や定住促進をはかる時限的な法令であった。

また信長の楽座政策は、座が権力に対して納める役銭を免除して、座の商業の振興をはかった政策であり、座の解散や廃止（「破座《はざ》」）を命令するものではなかった。信長の楽市楽座令は一時的な市場や座の振興をはかる政策であったが、中世から近世への転換となった都市法ではなかった。

以上の研究に実証上付け加えるものはないが、楽市楽座令の数が非常に少なく、限られた都市や限定された局面だけで出される法令であることがわかったことは重要である。楽市令や楽市楽座令は地域的に偏《かたよ》りがあり、畿内以西の西国や東北ではまったく見られない。京都や堺のような大都市でも楽市楽座令が見られない。本国の尾張《おわり》（愛知県）・美濃《みの》（岐阜県）や越前《えちぜん》（福井県）では有力商人を商人司《つかさ》として国単位で商業を管理統制させている。

また楽市と認められたからといって、その市場が近隣の市場よりも優位な立場を得たことにはならない。信長の領国でも楽市場とそうでない市場で、商業のあり方にそう違いがあるようには思えない。また現実に信長の領国では多くの座が認められている。楽市楽座令で信長の商業政策の本質を語ることはもはや不可能になった。これからの信長の商業政策の研究には楽市楽座令にとらわれない観点を持つ必要があるのは確かである。

関所撤廃は革新的だったのか？

信長以前には各地の交通路で関所が多数立てられ、関銭を徴収するため交通を阻害していたが、信長は領内の関所を撤廃し関銭を払わなくとも自由な交通ができるようにしたという理解が、これまでの通説であった。信長が各国（尾張・伊勢《いせ》・越前・甲斐《かい》・信濃《しなの》）で関所撤廃を命じていることがわかっている（『信長公記《しんちょうこうき》』）。この通説に対して、信長は京都では七口《ななくち》の関を廃絶しなかったため、関所撤廃は信長の一貫した政策ではないとする批判がある（脇田：一九八七）。

しかし関所の問題はそう単純ではない。中世の関所は関銭を徴収する経済的な場とだけ考えられがちだが、関所は単なる経済権益ではない。関所は津《つ》・湊《みなと》・宿《しゅく》・泊《とまり》などの都市に置かれ、関米や関銭を領主が収取するとともに、関の収益の一部は港湾や道路など交通施設の維持にも使われていた。

確かに新関の増加が交通や流通を阻害して問題になってはいたが、中世の関所と関銭が担っていた公共的な役割を無視して関所を撤廃すれば、交通施設や商業の維持はどうなるのか。要するに関所を撤廃すればそれに代わる交通施設や商業の管理組織を別に用意せねばならないが、それはどのように行われたのか。第一、関所をどのような手順で撤廃したのか。こうしたことがまったくわかっていない。関所の撤廃を単に革新的政策と評価するだけでは済まない。

信長の道路整備と交通網政策

信長は尾張・近江・京都などで道路の整備を行っている。天正二年(一五七四)には「尾張国中」の道普請《みちぶしん》と架橋整備を行った。天正三年(一五七五)には「御分国中」の「国々道を作るべき」ことを命じている(『信長公記』)。信長はこの年、分国各地で一斉に道路整備に進めたと思われる。

近江の東山道《とうさんどう》では坂田郡の摺針峠《すりはりとうげ》(滋賀県彦根市)に切り通しの道を築かせて東山道を一部付け替え、近江と京都の間の道程を短縮した。琵琶湖南畔の瀬田(滋賀県大津市)では橋を設置した。琵琶湖北畔では近江塩津(滋賀県長浜市)と越前疋田《ひきた》(福井県敦賀市)の間に新道を築かせている。京都では上京《かみぎょう》と北白川の間(ともに京都府京都市)に新道を作らせた(谷口:二〇一三)。この年の信長は近江を中心に京都・美濃・越前をつなぐ交通路を重点的に整備したようだ。

ただこうした道路整備は各地の大名も行っている。天正三年に信長が整備した新道は、道幅は広いが(三間《けん》基準=約五・五メートル)、作られた地点は限られている。また信長は他の大名のような伝馬《てんま》制(宿駅に輸送や通行のため人馬を設置する制度)を整備しなかった。信長が支配した畿内には近江の馬借《ばしゃく》のような民間の輸送業者が発達していたので、信長がわざわざ伝馬を新たに設置する必要はなかったのかも知れない。

また、信長は本国の美濃ついで近江と京都とをつなぐ琵琶湖畔の城郭網を整備し、琵琶湖の水上交通を軍事に利用した。元亀年間（一五七〇～七三）の朝倉《あさくら》氏・浅井《あざい》氏との戦いでは琵琶湖の港湾の船を軍事利用している。

信長が近江を支配する以上、琵琶湖の水上交通の支配は避けて通れない問題ではある。しかし朝倉氏・浅井氏との戦闘が終わり、信長は琵琶湖の水運や港湾を掌握はしたが、琵琶湖畔で港湾の整備や流通の再編を行った形跡はない。琵琶湖に面した安土においても琵琶湖の水上交通や流通についての政策は見られない。

信長は琵琶湖の水上交通を管理していた近江の堅田《かただ》（滋賀県大津市）に対しては、元亀元年（一五七〇）に攻撃を行っているが、その後は堅田を中心とした従来の琵琶湖の交通や流通の機構を維持している。琵琶湖畔の城郭網もあくまで軍事目的や一時的な交通の利用にとどまり、体系的な交通政策とはいえないとする批判がある（谷口：二〇一三）。

信長の「追認」が後押しした貨幣流通の変質

中世の日本は銅銭（中国銭や国産の私鋳銭《しちゅうせん》・模造銭）を通貨として使用していた。信長は明銭《みんせん》の永楽通宝《えいらくつうほう》が広く使われていた東海地域を領国とし、合戦の際にも永楽通宝の旗を用いている。しかし畿内・西国では銅銭の信用が動揺して品質や価値がさまざまな銅銭が流通していた。室町幕府や畿内・西国の大名は銭の使用基準を定めた撰銭令《えりぜにれい》を出して、円滑な銅銭の流通に腐心していた。

信長は京都に入った翌年の永禄十二年（一五六九）、摂津《せっつ》の四天王寺《してんのうじ》（大阪府大阪市）と京都・八幡《やわた》（京都府八幡市、石清水八幡宮《いわしみずはちまんぐう》の門前都市）に撰銭令を発し、基準銭（貨幣流通の基準となる銭）と減価銭（品質や価値の劣る銭）の交換比率、および金・銀・銭の交換比率を定めた。このような交換比率の制定は、価値の異なる貨幣の交換使用が慣行化していた社会の現状を容認したものである。しかし減価銭が基準銭並みに流通する動きは止められず、天正四～八年（一五七六～八〇）にかけて信長は価値の劣る「並銭」や、もっとも価値の低い「びた銭」を納税や取り引きで基準銭として使うことを容認していく（本多：二〇一五、高木：二〇一八）。

信長の死後、十七世紀に入ると江戸幕府は「びた銭」を基準銭とし、寛永通宝を鋳造《ちゅうぞう》して流通させ、多様な品質の銅銭が流通する状況に終止符を打った。結果からすると「びた銭」を容認した信長の貨幣政策は、近世の銭貨制度につながるものであったといえる。しかし貨幣流通の問題は経済や社会の状況が政策より先を進んでおり、信長の政策も現状を追認した面が強い。何より信長が近世の貨幣制度を見通して革新的な政策を行ったかのように見るのは禁物である。

石高制の先駆者となった時代背景

当時は銅銭の信用が動揺したこともあり、商品価値が均質で高い米が銭に代わる交換手段として使われていた。信長は永禄十二年の撰銭令では、米を交換手段として使うことを禁止した。しかし交換手段としての米の使用は止《や》まなかった。一方で信長は畿内での家臣や公家への知行《ちぎょう》（領地）の給与を米建てで行うようになり、米が知行制度の基準となる近世石高制《こくだかせい》の始まりと評価されている（早島：二〇〇九）。

石高制の採用とかかわって信長は京都で広く使われていた十合枡《じゅうごう》（京枡《きょうます》）を公定枡とし、京都や畿内での徴税に使用させた。十合枡の公定は元亀二年（一五七一）とされている（早島：二〇〇九）。また同年、洛中洛外《らくちゅうらくがい》の土地に対し賦課《ふか》した米を町に預けて運用させ、その利息を禁裏御倉《きんりおくら》（有力商人が運営する朝廷の財政機関）に納めさせて朝廷の収入とした（本多：二〇一五）。これも京都での米による金融・資産運用が普及してきたことに対応する政策であろう。また畿内および周辺の国々で行った検地でも石高制を採用している（ただし尾張・美濃・伊勢は貫高《かんだか》、つまり銭建てによる検地）。

これらは米が貨幣と並んで価値や換算の基準となってきた状況を容認する政策であった。十合枡（京枡）の採用は以前から度量衡《どりょうこう》の統一政策として高く評価されている。確かに信長の政策が近世の石高制と枡の統一（京枡の普及）に継承されたことも事実である。しかし十合枡はそれ以前から流通や商業のために広く使われていたものである。ここでも信長の政策は社会の現状を追認した面が強い。

金・銀流通の拡大と信長

十六世紀には石見銀山《いわみぎんざん》（島根県大田市）の採掘と大量の銀の供給（シルバーラッシュ）により、銀が国際貿易のため輸出されるとともに国内通貨としても流通し、西日本においては銅銭に代わる位置を占めつつあった（本多：二〇一五）。信長も前述のように撰銭令を出して金・銀・銭の交換比率を定めており、京都や畿内でも金・銀の流通が拡大していた。

信長の勢力圏に入った銀山に、但馬《たじま》の生野《いくの》銀山（兵庫県朝来《あさご》市）がある。信長軍は永禄十二年に但馬に侵攻して但馬守護《しゅご》の山名《やまな》氏を破り但馬を平定した。敗れた山名祐豊《すけとよ》は堺の商人今井《いまい》宗久《そうきゅう》に伴われて信長に帰参し、但馬への帰国を許された。これを機に宗久は山名氏に資金を融通しつつ、生野銀山の経営や上納に関与するようになる。

信長も宗久と側近の長谷川宗仁《はせがわそうじん》を介して銀山から銀（吹屋《ふきや》銀）を上納させようとした。ただし山名氏の家臣は宗久の関与に抵抗し、信長と宗久の生野銀山支配は順調に進んだわけではない。信長が但馬支配の中で銀山支配を最重要と位置づけていたわけでもなく、但馬制圧後も山名氏家臣が銀山を支配しており、信長が銀山を直轄領とすることができたどうかも疑問がある。

（渡邊：二〇一七）。

信長と宗久の生野銀山支配の史料は永禄十二〜十三年の『今井宗久書札留《しょさつどめ》』（今井宗久が出した書状の控え）しかなく、これ以降の支配の展開はわからない。しかし生野銀山の事例からは、信長が銀山の直轄支配を構想していたとはいえず、銀山に着目したという以上の革新性はうかがえない。また銀山の採掘による銀貨の流通拡大は信長も苦心した撰銭政策に対しても、銀貨の価値上昇と銅銭の価値低落を招きかねないが、それに対する信長の対策がどうであったのかもわかっていない。

金については、信長は城郭や瓦に金箔《きんぱく》をふんだんに用いているが、これは築城や瓦の製造を受注した職人による金箔の使用なので、金の貨幣としての流通とはどのような関係があるのかはわからない。金山《きんざん》については、信長は天正十年（一五八二）に武田氏を滅ぼして金山のある甲斐《かい》（山梨県）を制圧したが、その後すぐに本能寺《ほんのうじ》で自害したこともあり、金山政策についてもわからない。

一貫性の見られない徳政令

中世の経済や金融を強く律した観念に「徳政《とくせい》」がある。徳政はもともと為政者の代替わりに善政を期待する観念であったが、中世後期には債務の破棄や売却した土地の返還などを意味するようになり、各地でこれを求める徳政一揆《いっき》がおこるようになった。室町幕府もしばしば徳政令を発し、在地社会（地域ごとに住民がつくる共同体）でも自発的な徳政が行われた。

戦国期にも各地の大名は徳政令を出しているが、市場法や楽市楽座令に徳政免許（徳政令の適用除外）を定める例が現れ、権力が市場での徳政を回避する政策が打ち出されていく。これは債務の破棄や売却した土地の返還が経済活動を阻害するとみなされたからである。つまり徳政令の適用を不当とする観念が現れ、徳政に対する意識が変化しつつあったと考えられる。

天正三年（一五七五）、信長は京都の公家や寺社に対して、救済措置として債務を破棄する徳政令を出している。しかし京都の町人や商人は徳政令による救済の対象外であった。経済政策としての徳政対策を見ると安土城下に対する楽市楽座令では、領国内に徳政令を出しても安土では適用しないことを定めた。しかし領国内に徳政令を出す可能性までは否定していない。このように信長は場合によって徳政令と徳政免許を使い分けていたといえるが、徳政に対する姿勢にさほど特性や一貫性は見られない。

伊勢大湊・京都・堺――信長の都市支配

信長の都市支配のうち研究上重要とされているのは、本章で扱わない信長の城下町を除くと、伊勢大湊《いせおおみなと》、京都、堺《さかい》に対する支配、それに寺内町《じないちょう》対策である。

①伊勢大湊

永禄十二年（一五六九）、信長は南伊勢の北畠《きたばたけ》氏を服属させた。この南伊勢でもっとも重要な港湾都市が大湊（三重県伊勢市）である。伊勢湾に面した大湊は伊勢神宮のある南伊勢の流通の集散地にして、東国と伊勢をつなぐ太平洋海運（遠隔地交通）の物流ターミナルであり、会合衆により運営される自治都市であった。

一向一揆《いっこういっき》（浄土真宗《じょうどしんしゅう》の一揆）の拠点・伊勢長島《ながしま》（三重県桑名市）との戦いの中で、信長の二男・信雄《のぶかつ》（当時、伊勢の北畠氏の当主）は天正元年（一五七三）、大湊に船の提供を命令し、また伊豆《いず》（静岡県。当時は信長と敵対していた後北条《ごほうじょう》氏の領国）から伊勢大湊に来航した大船を検分しようとしている。

この間、大湊は信長の命令を拒否しており、反信長勢力とも関係を持っていた。また大湊は太平洋海運の港湾として信長の統制を越えて、東国や関東の後北条氏との間に海運・流通のつながりを持っていた。これ以後の大湊と信長との関係を示す史料はないが、大湊はしだいに信長の支配下に置かれていったとされている（柴辻：二〇一六）。

しかし信長の支配にあっても大湊の都市自治は維持されているし、信長は堺のように信長と近しい商人を重用して都市支配を改編することはしなかった。また大湊は太平洋海運を通じて東国との交通や流通を継続している。遠隔地商業の拠点となる都市の商業圏は信長の支配圏を越えており、信長が太平洋海運をすべて統制できたわけではない。

②京都

信長は永禄十一年（一五六八）に入京して以降、岐阜ついで安土を本拠としつつも、しばしば上洛して京都を宿所としている。京都は当時国内最大の都市であり、室町幕府が置かれ公家・寺社の権門《けんもん》がいる政治都市である。信長の都市支配は京都を抜きには語ることはできない。これまでは信長の京都支配はその支配機構、幕府・公家・寺社との関係、町の自治との関係を中心に研究されてきた。

信長による京都の経済・流通の支配は基本的には現状容認・現状維持策であった。永禄十二年（一五六九）の撰銭令では銅銭の交換流通の現状を容認した。関所に対しては公家の山科《やましな》家領の京都七口関《ななくちのせき》や禁裏《きんり》（天皇家）領の率分関《りつぶんせき》を撤廃せずに存続を認めている。座についても京都では多くの座が信長から安堵《あんど》されている（脇田：一九八七）。天正五年（一五七七）には伯楽《ばくろう》座《ざ》がある五条の馬市《うまいち》に対して禁制を出しているが、これは室町幕府以来の市場に対する秩序維持の禁制を踏襲したものであり、伯楽座を撤廃してはいない（谷口：二〇〇九）。

ただし信長は、敵対する者には都市住民といえども容赦《ようしゃ》なかった。元亀四年（一五七三）には将軍・足利義昭《あしかがよしあき》との戦争の中で、上京《かみぎょう》（京都の北半分の惣町）を焼き討ちにし、乱暴狼藉《らんぼうろうぜき》を極めた。町衆や商人の経済都市である下京《しもぎょう》（京都の南半分の惣町）は焼き討ちを免《まぬが》れたが、その代わりに信長に礼銀を納めている。焼き討ちの後、信長は上京の復興を命じ、新町の開発を行わせた。また信長は京都の町の自治は認めている。

信長は京都の経済の優位性を軽視していたわけではない。元亀二年には京枡（十合枡）を公定枡としてその普及を促進している。しかし信長は岐阜、次いで安土を本拠とし、京都では本能寺などを宿所として一時的に滞在するだけであった。一方で本拠とした安土の城下町の振興を進めねばならず、京都の経済・流通政策にはそれほど積極的ではなかったようだ。

京都は公家・寺社の文書や記録が多く、その中には経済や流通に関する記事も断片的ながらある。そうした文書や記録を使った研究も期待される。史料に恵まれ経済的にも首都であった京都は信長の経済政策の研究にとってもっとも重要であり、かつ今後の研究の可能性ももっとも大きい都市である。

③堺

摂津と和泉《いずみ》に位置する堺（大阪府堺市）は畿内の玄関都市であり、畿内と瀬戸内海および太平洋南海路をつなぐ遠隔地交通のターミナルである。堺はキリスト教宣教師の記録により自由都市と考えられてきた。信長と堺の関係は自由都市堺の信長に対する抵抗と服従として説明されてきた。しかしそうしたイメージとは違う実態が近年の研究で明らかとなっている。

中世の堺は室町幕府や細川氏（幕府管領《かんれい》・和泉守護）、次いで三好政権が支配する武家権力の都市であった。武家権力の支配のもとで会合衆による都市自治が行われていた。永禄十一年（一五六八）に信長が入京すると、三好氏に近い堺は信長に対する防衛態勢をとった。しかし堺の豪商・今井宗久は茶道を通じて信長に接近した。堺としても翌年早々には将軍・足利義昭と信長の支配下に入った。

堺は武家政権とのつながりが強い都市であったため、義昭と信長の支配に順応することができた。信長は今井宗久に諸役・公納の徴収を任せ、信長の支配は堺の町共同体を介した支配から豪商を介した支配へと移行した。今井宗久は納屋《なや》業（倉庫業）を営むとともに、鉄砲・弾薬を商い、淀川《よどがわ》の自由航行、淀川での塩座・塩魚座の流通、唐船《からぶね》（中国の商品を積んだ貿易船）との貿易など、さまざまな遠隔地商業にかかわる多角経営の商人であった。また生野銀山の経営にかかわり、信長の外交でも取次をつとめている。

このほか津田《つだ》（天王寺屋《てんのうじや》）宗及《そうぎゅう》や千宗易《せんのそうえき》（利休《りきゅう》）が信長の茶頭《さどう》をつとめた。かつて信長に抵抗した堺商人も信長から冷遇されていない。信長は側近の松井友閑《まついゆうかん》を堺政所《まんどころ》としたが、今井宗久を代官として起用しており、堺の自治組織を改編しようとはしていない。信長は堺に対しても京都と同じく従来の商業権益を安堵《あんど》する政策をとった（廣田：二〇一七）。

信長は大坂本願寺《おおさかほんがんじ》（浄土真宗の本山）、次いで中国の毛利《もうり》氏と敵対したため、堺の本願寺や毛利氏との交易は途絶した。しかし堺は信長の支配領域の拡大による経済の発展を期待して信長の戦争に貢献した。ただし堺の商人の経済活動は信長の支配領域を越えて展開し、信長の統制をうけない側面があった（廣田：二〇一七）。

このように信長と堺の関係は初期を除いて蜜月であった。その理由としては、まず堺は大坂湾に面して西国とつながる都市であり、信長が三好氏・大坂本願寺・毛利氏と戦い大坂湾の制海権を握るには、軍事物資の補給基地や信長水軍の寄港地としても重要な拠点であった。今井宗久や千宗易も信長軍に鉄砲を用立てている。今井宗久は堺周辺に吹屋（鋳物《いもの》工場）を多数経営しており、宗久が鉄砲・弾薬商人であるためか、この吹屋は鉄砲の工場ではないかといわれている。

次に堺は遠隔地交通や国際貿易の都市であり、信長が必要とする茶器や贈答のための高級奢侈品を調達するために欠かせない都市であった。今井宗久は唐船により虎《とら》皮や豹《ひょう》皮を買い付けているが、信長は虎皮や豹皮を各地の大名への贈答品に用いており、おそらく宗久たち堺衆を通じて入手したのであろう。

さらに堺が中世から私鋳銭（無文銭《むもんせん》）を製造していたことも重要である。当時の貨幣流通では貨幣の供給量が不足しており、価値の劣る無文銭とはいえ、貨幣政策に腐心する信長はその流通を容認していた。無文銭の製造と流通は信長と堺の利害が一致するところであった（高木：二〇一八）。今井宗久の吹屋には鋳物師《いもじ》（鋳物の職人）がおり、鋳鉄《ちゅうてつ》生産もなされていた。とすると、宗久の吹屋では鋳物を用いた無文銭の鋳造も行っていたのではないだろうか。

寺内町の近世化に果たした信長の役割

信長が畿内において長期間戦った大坂本願寺の配下にある都市が寺内町である。寺内町は本願寺の末寺を中心にして一向宗《いっこうしゅう》の門徒により建設された環濠《かんごう》を持つ都市である。寺内町は一向一揆の拠点でもあり、畿内の各地に広がっていた。最大の寺内町は本願寺のある大坂である。

信長の寺内町対策は、信長と本願寺・一向一揆が元亀元年（一五七〇）から天正八年（一五八〇）にわたって戦った「石山合戦」とのかかわりで研究されてきた。信長と本願寺の「石山合戦」は、宗教勢力を憎悪する信長と阿弥陀如来《あみだにょらい》を信仰する一向宗という、互いに相容《あいい》れない者どうしの戦争とされ、信長は寺内町を容赦《ようしゃ》なく攻撃し弾圧を加えたと見られてきた。しかしこれも近年の研究により修正されている。

信長は伊勢長島や越前の一向一揆に対しては容赦ない殲滅《せんめつ》戦を行い、「石山合戦」の中でも各地の寺内町を攻撃している。しかし近江の金森《かねがもり》寺内町（滋賀県守山市）のように降伏してきた場合には赦免《しゃめん》を行い、寺内町の経済活動を容認した。金森寺内町には信長が楽市楽座令を出して経済活動を保障している（長澤：二〇一七、二〇一九）。

これは「石山合戦」の講和後も同様で、本願寺が退去した大坂を除くとほとんどの寺内町が滅びず、信長の死後も寺内町として続いている。もともと寺内町は地域社会の流通や経済の拠点としての役割を果たしていた。その寺内町を滅ぼすことは地域の経済や流通を停滞させることに等しく、信長はそれを望んでいなかったと見るべきである。

しかし本願寺のある大坂寺内町と各地の寺内町が結ぶネットワークや、寺内町が大坂本願寺と同等の特権を認められてきた体制（「大坂並《おおさかなみ》」体制）に対しては別である。信長は「大坂並」の都市特権を否定して「大坂並」体制を解体する政策をとった。信長が寺内町を本願寺の支配から切り離したことが、寺内町の近世都市への発展を方向づけたとされている（仁木：一九九七）。

一向宗の本拠・大坂寺内町は天正八年に本願寺が退去した直後に焼亡している。大坂は大坂湾に面した畿内の交通の要衝《ようしょう》であったが、信長が大坂をどのように復興・活用しようと考えていたかはわかっていない。

短命ゆえに評価の難しい信長の経済政策

信長の経済政策には革新的な政策と保守的・現状維持的政策の双方が見られる。城郭や城下町の建設はさておき、近年の研究動向をふまえて信長の政策全般を総合的に見ると、他の大名に比べて相対的には革新的だが革命的ではない、ということになる（谷口：二〇一三）。さらに実証的な研究が進めば、そのような評価に落ち着く傾向はますます強まるだろう。

その一方で信長政権が短命で終わったことや豊臣政権との相違が強調されることから、信長の経済政策が長期的に見てどのような意義を持ったかという研究はなされにくい。そのため短期的な個別の経済政策に限った考察や評価になりやすい。しかし信長の政治や軍事を見ると、それが流通経済にも大きな影響を及ぼしていることが想定される、そのような観点から、個別の経済政策を離れてやや大局的な論点を提示したい。

信長に先行する三好政権は、大坂湾岸や大坂平野の都市流通や都市寺院のネットワークを基盤にした広域支配を展開していた（天野：二〇一五）。信長の政治と軍事は、三好政権の都市・流通支配を継承しながら、畿内の平定により京都を中心とした畿内の首都市場圏全体を版図《はんと》に収めた。室町幕府の衰退により首都市場圏は縮小していたとはいえ、単一の地域経済圏としては全国で最大最先端の経済圏であり、また畿内の玄関都市である堺は遠隔地商業の最大の拠点でもあった。

信長の畿内平定により、統合された政権が首都市場圏に対して統一した政策を行い、京都や畿内の都市を中心に遠隔地流通システムの求心的再編を可能にする政治的条件が復活した。ただし短期間で消滅した信長の政権ではそうした政策はまだ見られず、畿内の都市ネットワークをどのように再編しようと構想していたのかはわかっていない。

次に遠隔地商業と信長のかかわりである。堺の商人は今井宗久に見るように、首都市場圏の中で最大の交通動脈である淀川の流通にかかわり、対外貿易や瀬戸内海の遠隔地商業にも関与し、信長の戦争・外交や奢侈《しゃし》品の入手にも協力している。堺の掌握は首都市場圏と遠隔地商業を結びつけて経済政策を行うことが可能になる条件を作り出した。

　また信長は太平洋沿岸の遠隔地商業の拠点である伊勢大湊を支配し、さらに北国の平定により東西の日本海（北陸・山陰沿岸）から近江（琵琶湖）を経て京都に至る遠隔地商業の交通路を掌握した。もとより堺と西国・九州の遠隔地商業にせよ太平洋や日本海の遠隔地商業にせよ、その全体の掌握には至らなかったが、首都市場圏の周囲をとりまく遠隔地商業流通のターミナルを掌握した意味は大きい。

　信長は安土城下における家臣の集住を進め、拠点城郭に軍団を配備した。重臣たちが指揮する「方面軍」も各国に配備されて城郭を建設した。京都には家臣団と軍団を集中させることはなかったが、統合された家臣団と軍団が畿内の各地に配備される状況が復活した。このことは城郭建設と軍事特需という経済効果を生んだであろう。またそれは軍需や城郭建設により経済や流通を再編する条件が生み出されたということでもある。

　戦国期には村や町が増加してきたことも、経済や流通に大きく影響したと考えられる。村や町の開発活動により経済需要が増加することはもちろんだが、自立した村や町が増えていくこと自体が社会的な需要の拡大をもたらしたであろう。それがこの時代の流通の量的な拡大を下支えしていたのではなろうか。

　このように信長の政治と軍事による統合は、流通システムへの統一的政策を可能にする条件をつくり出した。それは社会の経済需要が量的に拡大する時代に当たっていた。信長がとった個別的な経済政策を考えるとともに、流通経済圏の統合や社会の需要拡大に対し信長がどのように対応したかを考えることも、これからの課題であろう。

楽市楽座の「自由思想」と信長

信長の経済政策は楽市楽座令や関所政策のように、史料のあるテーマごとに研究されてきた。しかし中世から近世への経済システム自体の転換と信長の政策の関係については論じられてはいるものの、経済システムを支える慣習や思想の長期的な変動といった問題では論じられてはいない。

とはいえ、近年の中世経済史研究から見ると十六世紀は経済システムを支える慣習や思想の転換期であると評価されている。戦国期（十六世紀）は室町期（十五世紀）までに成熟した経済システムが順調に発展せず、変質を迫られたことが指摘されている。本論で重視する遠隔地の取引では年貢納入や送金の手形として使われていた割符《さいふ》の信用範囲が狭まるとされている（桜井：一九九六）。

このように戦国期には信用観念の変化、つまりある種の信用崩壊が起きている。銅銭の信用の動揺と撰銭令はその国際的な現象である。先に見た徳政令の問題も経済思想の変化にかかわる問題である。そのような経済思想の転換と信長はどのような関係にあるのだろうか。論点に偏りが大きい信長の経済政策の問い方を見直すためには、経済システムの慣習や思想の長期的な転換の中に信長（およびその時代）を置いて考えてみてもいいのではないか。

最後にそのような経済思想の転換として「楽市楽座令」の「楽」の問題を考えてみたい。信長や各地の大名の楽市楽座令を見ると、宛所を「楽市場」としているものや「楽市たる上は」という文言があるものが見られる。これらはすでに楽市となっている市場に出された法令である。

また楽市楽座令の文言を見ると、喧嘩《けんか》・狼藉《ろうぜき》・諸役（課税）・押買《おしがい》（強制的な買い付け）・所質《ところじち》（強制的な質取り）など、経済活動を阻害するさまざまな行為が禁止されているが、そうした条文は基本的には楽市楽座令以外の市場法にも共通している。信長の楽市楽座令とそうでない他の市場法の内容に違いはほとんどなく、大きな違いは「楽市楽座」という文言があるかないかである。つまり楽市楽座の市場とそうでない市場は実態としてほとんど違いはない（長澤：二〇一七）。とすればすべての市場は本来、経済活動を阻害するさまざまな行為から自由な「楽市」（少なくともそうあるべきもの）といってもいいだろう。

にもかかわらず楽市楽座令が出されるのは、市場の経済活動を阻害するさまざまな問題を解決するために、「楽市楽座」ということをあらためて宣言せねばならないような状況が広がっていたからである。市場の経済活動の阻害のほとんどは信用関係によらない強制的な収奪行為であるが、その要因には先に見た信用崩壊があったはずである。

楽市楽座令に限らず戦国期から信長の時代には、「楽市」「十楽の津」というように、「楽」という語が各地の市や津（港湾）を指して使われている。網野善彦《あみのよしひこ》氏はかつてこうした「楽」を「無縁」「公界《くがい》」とともに世俗の「縁」（主従・支配関係）から自由で平和な状態とし、中世の都市や寺院には「無縁・公界・楽」の原理があるとして、中世史研究や歴史学に大きな影響を与えた（網野：一九八七）。

筆者には、網野氏の大きな問題提起に答える能力はないが、確実にいえるのは、そうした「楽」「楽市」が戦国期の信用崩壊の中で世俗の「縁」によるさまざまな阻害行為を受けて不安定なものになっていく状況である。それに対して「楽」を守ろうとする意識が高まり、市場や地域社会が「楽」「楽市」の維持を求める。かくして「楽市」「楽座」の語が権力者の市場法令の中に現れてくる（長澤：二〇一七）。

もちろんこうした考えに対しては、本来の（楽市楽座令以前からの）楽市がどれほど普遍的か、史料に現れる事例が少ないではないか、という問いが出てくるだろう。また楽市楽座令が出される地域も偏在している。そうした問題はあるにせよ、経済における「楽」が少なくとも市場の自由を意味していたことは確かである。信長の時代は「楽」という経済思想が動揺しつつも強く意識され、市場について盛んに用いられた時代であった。信長も「楽」の思想を押し広めた一人といえよう。

そして信長の時代を過ぎると楽市楽座令は次第に出されなくなり、「楽」の語は市場法のみならず史料の上からも姿を消していく。楽市楽座令が出されなくなる政策的理由はさておき、経済システムを支える思想の転換を考えるとき、信長と「楽」が深くかかわり合っていたことは間違いない。それがどのような歴史的意義を持つのかは巨視的な課題である。

第八章

「無神論者」とはほど遠い、信長の信心深さ

——仏教の堕落には怒りこそすれ、無宗教ではなかった

渡邊大門

信長は無神論者だったのか?

かつての織田信長《おだのぶなが》の評価は、中世的なものを打ち壊し、近世への道筋を切り開いた革新者像だった。現在、その評価はかなり変わってきており、それは信長と宗教とのかかわりにおいてもまったく同じである。つまり、信長は無神論者だったという見方である。

古代・中世を通して、人々は神仏に畏敬の念を抱いており、平安末期に武家勢力が台頭しても同じだった、比叡山延暦寺《ひえいざんえんりゃくじ》(滋賀県大津市)は抗議をする際、神輿《みこし》を担いで入洛したが、いかに荒くれ者の武士であっても神威を恐れ、ただ見過ごすしかなかった。むろん、果敢に交戦した武将もいたが、それはかなり勇気がいることだった。

信長が無神論者とされる理由は、フロイスの『日本史』第三十二章に書かれた、次の一節に拠《よ》るところが大きい。

彼(信長)は善き理性と明晰《めいせき》な判断力を有し、神および仏のいっさいの礼拝、尊崇《そんすう》、ならびにあらゆる異教的占卜《せんぼく》（占い）や迷信的慣習の軽蔑者《けいべつ》であった。

この一節を読むと、信長は合理主義者であり、神仏の信仰はもちろんのこと、占いなどに関心を示さなかったことがわかる。関心どころか、軽蔑とすら書かれている。余談になるが、当時の人々は「神慮に委《ゆだ》ねる」という意味で、籤《くじ》により物事を決定することも珍しくなく、六代将軍・足利義教《あしかがよしのり》も籤で選ばれた。迷信を信じていたのである。

また、同じく『日本史』第三十二章には、信長の無神論者を裏付ける根拠として、次のように書かれている。

（信長は）霊魂の不滅、来世の賞罰などはないと見なした。

当時の人々は来世を信じている人が多かったが、信長はそうでなかったという。まさしく異端児、革新者の趣《おもむき》がある。ここまで徹底していれば、もはや信長が無神論者であると信じざるを得ないのだろうか。本章は、信長が無神論者であるか否《いな》かなどについて、キリスト教、仏教とのかかわりを通して考えるものである。

フロイスの『日本史』、「ウソ」と「ホント」

実は、信長が無神論者であると書いているのは、フロイスの『日本史』だけである。日本側の史料には、まったく書かれていない。強《し》いていうならば、信長の父・信秀《のぶひで》が亡くなったあとの葬儀のエピソードがある。異様な装いであらわれた信長は、信秀の位牌に抹香《まっこう》を投げつけたという（『信長公記《しんちょうこうき》』）。この行為は、神仏に対して恐れの念を抱いていなかったとも解釈されるが、信長の真意は不明といわざるを得ない。

とはいいながらも、フロイスの『日本史』に書かれたことをどこまで信用してよいのか、判断が難しいところである。では、フロイスの『日本史』とは、どのような書物なのか考えることにしよう。

フロイスはポルトガルから布教のために日本を訪問した、イエズス会の宣教師である。天正十一年（一五八三）以降、ザビエルの来日以後の布教史をまとめた『日本史』の執筆を命じられた。『日本史』は全三巻から成っており（一巻は断片的に残存）、天文十八年（一五四九）から文禄三年（一五九四）までの期間を執筆している。フロイスは『日本史』の執筆にすべてを捧げ、ときに一日に十数時間も書いたことがあったという。

フロイスは大変な記録魔であり、その叙述は極めて詳しく大部になった。それゆえ検閲《けんえつ》者であるヴァリニャーノは短縮を求めたが、フロイスは拒絶した。結局、原稿はヴァリニャーノの判断により本国に届けられず、マカオの修道会に埋もれたままとなった。原本は一八三五年の火災で焼失し、今は写本が現存するのみである。

好奇心旺盛なフロイスは戦国武将だけでなく、多くの出来事に関心を持って書き残した。『日本史』は同時代の一級史料として評価されており、日本の習俗にまつわる記述も貴重である。フロイスの情報収集能力と観察眼は、群《ぐん》を抜いて優れていたといえる。

松本和也氏によると、『日本史』は何の疑問も持たれず活用されてきたか、外国人の宗教者が書いたので信用できないとする二項対立の側面があったという（松本：二〇一七）。フロイスはキリスト教に理解を示す大名を好意的に記し、そうでなければ辛口の評価を与えた。したがって、無批判な使用は慎むべきであるが、日本側の史料と突き合わせることにより、事実関係が信用できることもあると指摘されている。『日本史』の史料的な評価については、さらに検討が必要であろう。

仏教を信仰していた信長

フロイスの『日本史』に一定の限界を認めるならば、信長が無神論者である指摘に注意を払う必要がある。『日本史』第三十二章には、信長の信仰を物語る次の一節がある。

摠見寺二王門。信長が自らの菩提寺として安土城内に移築したものである（画像提供：PIXTA）

> 形だけは当初（信長は）法華宗に属しているような態度を示したが、顕位《けんい》（高い位。この場合は右大臣）に就いて後は尊大にすべての偶像を見下げ、若干の点、禅宗の見解に従い（後略）。

信長は法華宗《ほっけしゅう》を信仰しているように見せかけていたが、実際は禅宗《ぜんしゅう》の宗旨に従っていたことがうかがえる。

天正四年（一五七六）に信長が安土《あづち》城（滋賀県近江八幡市）を築城した際、自らの菩提寺《ぼだいじ》とすべく、城下に摠見寺《そうけんじ》を移築した。摠見寺は臨《りん》済《ざい》宗妙心寺《みょうしんじ》派の寺院である。信長が無神論者であるならば、わざわざ菩提寺を移築する必要はないだろう。したがって、信長も当時の人々と同じく、少なくとも仏教を信仰していたことが明らかである。

また、信長は、「南無妙法蓮華経《なむみょうほうれんげきょう》」と書かれた軍旗を用いていた。京都では法華宗寺院を宿所に選ぶことがあったので、信長が法華宗も信仰していた様子がうかがえる。本能寺《ほんのうじ》の変の舞台の本能寺も、法華宗の寺院である。

信長の自己神格化はほんとうか？

もう一つの論点として、信長の自己神格化がある。自己神格化とは、文字どおり信長が神になろうとしたということである。

秋田裕毅《ひろき》氏は、ルイス・フロイスの書簡などに記された信長の神格化を追究した（秋田：一九九二）。フロイスの書簡や『日本史』第五十五章によると、信長は天正十年の自分の誕生日に摠見寺において、同所に置いた己《おのれ》の神体を拝むよう、貴賤《きせん》を問わず人々に強要した。参詣《さんけい》すれば八十歳の長寿を得《え》、また病気の治癒《ちゆ》、富栄《さか》えるなどの功徳《くどく》があったという。

余談ながら、信長が自ら神になろうとしたこと、すなわち信長の自己神格化を明智光秀《あけちみつひで》は天に背《そむ》く行為として許さず、本能寺の変を起こしたという説がある。信長が神になるということは、天皇を圧迫するという行為として理解された。自己神格化は、「本能寺の変」の朝廷黒幕説の一つの理由になったほどである。

信長の自己神格化に賛同する研究者は少なからずいる。

朝尾直弘氏は、当時の信長が一向一揆《いっこういっき》と対決する状況下において、その後の幕藩制国家の中枢である「将軍権力」を創出する過程に信長の自己神格化を結び付けて高く評価した（朝尾：一九九四）。

ところが、大きな問題となるのは、信長の自己神格化を記した史料はフロイスの書簡などだけで、日本側の史料で記載したものはない。それゆえ、記述の内容、および信長の自己神格化を疑問視する研究者がいるのも事実である。一方で、信長の自己神格化を否定する研究者であっても、信長が宗教的に自らを権威付けようとした点を認める者もいる。

信長は安土城の一郭に摠見寺を建立《こんりゅう》し、「盆山《ぼんさん》」という石を御神体に定めた。この事実も信長の自己神格化につなげて考えられた。この点について松下浩氏は、「盆山」と称する石を神体とする『日本史』第五十五章の記述に疑問を呈し、「盆山」は置物であってご神体ではないと指摘する（松下：二〇一七）。

無神論を覆す、キリスト教への理解と保護政策

信長はキリスト教に対して、どのように考えていたのだろうか。信長のキリスト教に対する記述は、フロイスの『日本史』などに拠るしかなく、日本側の史料にはほんのわずかしか記録されていない。『信長公記』には、「伴天連《バテレン》」としてイエズス会の宣教師が登場するが、それも

わずか数ヶ所である。

信長はいち早くキリスト教に理解を示し、その布教を許可した。キリスト教は教義だけではなく、科学の分野でも多くの恩恵をもたらした。たとえば、信長は地球が丸いということを宣教師から教えられ、それを理解したという。そのような先駆性や革新性は、信長の存在を際立たせたといえる。

信長とキリスト教の出会いは、信長が足利義昭《よしあき》を推戴《すいたい》して上洛《じょうらく》した翌年、つまり永禄十二年（一五六九）のことである。

この年の五月、イエズス会宣教師のルイス・フロイスは、修道士のロレンソとともに信長の居城・岐阜城（岐阜市）を訪問した。フロイスは京都で布教活動をしようとしたが、禁止されようとしていた。そこで、フロイスは布教の許可を得るべく、信長に助力を求めようとしたのである。

結果、信長はフロイスの訪問を大いに歓迎し、京都におけるキリスト教の布教を認めている。以降、一貫して信長は、キリスト教を保護し続けた。ただし、信長はキリスト教の信仰や布教に理解は示したものの、自身が信者になったわけではないので、その点は注意が必要である。

信長の保護の内容とは、次のように集約されよう。

一つ目は、京都の教会堂（南蛮寺《なんばんじ》）の建築を許可したことである。以前、イエズス会が京都に建築した教会堂は、老朽化が激しかった。そこで天正三年（一五七五）、宣教師たちは協議して再建を決議した。当初は、建材として仏教の廃寺の木材の使用を検討していたが、最終的に新しく建築することになった。

建築の責任者は、イエズス会宣教師のオルガンティノである。教会堂の建築の費用を賄《まかな》うため、畿内各地のキリシタンから寄付が寄せられた。その寄付をもとに建築が開始され、翌年には完成した。当時、日本で最大の教会堂だったといわれている。なお、この教会堂は、天正十五年（一五八七）に豊臣秀吉《とよとみひでよし》によって破却された。

二つ目は、天正四年（一五七六）に築城された安土城の城下において、信長はイエズス会に教会とセミナリヨ（神学校）の建築を許可し、土地を提供したことである。安土城下に築かれたセミナリヨは三階建ての和風建築で、安土城と同じ青い瓦《かわら》を用いていた。また、客をもてなすための茶室も完備していた。

建築が成ると、オルガンティノはキリシタン大名の高山右近《たかやまうこん》に対して、入学者を集めるべく協力を依頼した。その結果、各地から三十余名の学生が集まったという。しかし、本能寺の変で安土城が焼失すると、城下も被害を受けたので、学んでいた学生は他の場所に移らざるを得なくなった。

三つ目は、京都と安土において、巡察使《じゅんさつし》のヴァリニャーノに謁見《えっけん》を許し、歓待したことである。天正七年（一五七九）当時、ヴァリニャーノは大友宗麟《おおともそうりん》、高山右近らキリシタン大名のもとを訪問するなど、布教活動のため日本各地を訪問していた。ヴァリニャーノは権力者として信長を認め、布教活動の助力を得ようとしたのだろう。

天正九年（一五八一）、信長に謁見したヴァリニャーノは、絵師の狩野永徳《かのうえいとく》の作品とされる、安土城の屏風《びょうぶ》を贈られた。その屏風は、のちにローマ教皇のグレゴリウス十三世に献上されたというが、残念ながら現存していない。また、ヴァリニャーノが連れていた従者の黒人を献上された信長が、その従者に弥助《やすけ》の名を与えて配下に加えたのも有名な話である。

ただし、右の点はあくまでイエズス会からの視点であって、当時の信長がキリスト教をどのように思っていたのかは別途考える必要があろう。

特定の宗教を特別視したわけではなかった信長

以上のように、キリスト教を歓迎した信長だったが、実際はどのように思っていたのだろうか。

もっともポピュラーな説は、キリスト教を利用して、仏教勢力を牽制《けんせい》しようとした見解である。信長がキリスト教を弾圧した気配はないが、比叡山延暦寺を焼き討ちし、本願寺とは長期にわたって戦った。信長は仏教との対決姿勢を示していたというが、それは改めて述べる通り正しくない。強いていうならば、信長がキリスト教を利用したことは、一例だけが知られている。

天正六年（一五七八）、信長の重臣・荒木村重《あらきむらしげ》が有岡城《ありおか》（伊丹城《いたみ》。兵庫県伊丹市）において反旗を翻《ひるがえ》した際、高山右近は村重から味方になるよう誘いを受けていた。それを知った信長は、右近に翻意を促すため、宣教師を利用して説得させようとした。信長は宣教師に指示する際、命令を受け入れた場合は布教の自由を約束するが、拒否した場合はキリスト教を断絶すると述べた（『日本史』）。信長は宣教師が右近に強い影響力があることを知っていたので、あえて説得を命じたに過ぎないであろう。

信長がキリスト教の保護に熱心だったのは、毛利《もうり》氏を牽制するために、九州のキリシタン大名と関係を深める必要があったからとの説がある。当時、毛利氏は九州北部で大友氏と覇権を争っていた。天正四年（一五七六）に足利義昭が備後鞆《びんごとも》（広島県福山市）に下向《げこう》するまで、信長は毛利氏と良好な関係を保っていたが、それ以前から毛利氏が無視できない存在だったのは明らかである。しかし、遠交近攻という策が昔からあるとはいえ、そこにあえてキリスト教を介在させる必要があるのかは疑問が残る。

信長は遠路はるばる日本にやって来た宣教師が、命を懸けて布教に励む様子に感心したという。宣教師の布教に対する使命感に対して、天下統一を目指す信長が共感した、という説がある（石毛：一九九七）。つまり、信長は宣教師が命を懸けて布教する姿を見て、自らの天下統一に邁進する姿と重ね合わせたことになろう。しかし、こちらの説も信長自身が発言したわけでもなく、いささか論理に飛躍がある。

宣教師たちが、西洋の文物を信長に献上すると、信長は大いに興味を抱いたという。信長は地球儀や置時計など、西洋の科学に関心を抱いた。イエズス会の医者を派遣するよう命じた書簡も残っている（「芦浦観音寺文書」）。ただ、これだけの理由で、信長がキリスト教を保護したといえるのだろうか。保護したというのは、イエズス会関係の史料に見えるだけであって、彼らからすれば信長から厚遇されたことを記したにすぎないであろう。

しかし、改めてのちに触れるところであるが、当時は特定の宗教や信仰をいたずらに排撃することは、決して歓迎されていなかった。信長自身もすべての宗教や信仰に対して、優劣をつけようとしたわけではない。寺社の保護を行ったのは一つの証左であろう。したがって、信長はキリスト教も多くの宗教の中の一つと考え、保護した可能性が高いのではないかと指摘されている（神田：二〇一四）。信長がキリスト教を特別視したと考える必要は、特段ないように思える。

「信長の仏教嫌い」はフロイスの〝フェイク〟？

信長と仏教といえば、必ずといってよいほど、本願寺との長年にわたる抗争、比叡山の焼き討ち、安土宗論《あづちしゅうろん》などが思い浮かぶだろう。他にも信長と仏教にまつわる逸話は少なからずある。たとえば、フロイスの『日本史』などには、信長が僧侶を憎らしげに罵《ののし》ったとか、石仏の首に縄を掛けて引かせたとの記述がある。このような記述を見ると、あたかも信長が仏教を敵視していたかのような印象を受ける。しかし、こうした点もどこまで事実なのか、史料的な裏付けに乏《とぼ》しい。

キリスト教を信仰し、布教を目的としたフロイスにとって、仏教は日本国内における最大の脅威《きょうい》だった。したがって、信長が仏教を信仰し、保護政策を打ち出しても、それを安易に記録したり本国に報告することは憚《はばか》られた。フロイスは宣教師としての立場から、偏見をもって右の記述をした可能性が高い。信長が仏教を毛嫌いし、キリスト教を保護・厚遇していることをアピールしたかったのだろう。

信長が安土城の大手道の石段などで、石仏を使用したことはよく知られている。この事実をもって、信長は人が足で踏む石段に石仏を使用していたのだから、無神論者に違いないとする説がある。たしかに、現代的な感覚からいえば、決して褒《ほ》められたことではない。しかし、その考えには一考を要する。

実は当時、墓石、石仏、宝篋印塔《ほうきょういんとう》、灯籠《とうろう》、五輪塔、石臼《いしうす》などを石垣などに用いることは珍しくなかった。これを転用石という。その理由はさまざまであり、単に石が不足していたから、あるいは神仏の力を借りて、城の守護を祈願したからなどの理由が考えられている。後者の例でいえば、山岳寺院を破却して山城を築くケースがそれに該当し、福知山《ふくちやま》城（京都府福知山市）、大和郡山《やまとこおりやま》城（奈良県大和郡山市）、姫路城（兵庫県姫路市）、大坂城（大阪市中央区）などにも見

安土城の石仏。城址内の道に点在している（画像提供：PIXTA）

られる。つまり、石仏を安土城の石段に用いたことは、信長が無神論者であったことの根拠にはならない。

先述した通り、信長は禅宗あるいは法華宗を信仰していた。それだけでなく、信長は生涯にわたって、たびたび寺社を保護すべく所領の安《あん》堵《ど》や寄進などを行った。その例は数えきれないほどである。もし、信長が仏教を弾圧して根絶やしにすることを考えていたならば、あえて寺社を保護する必要はない。信長がキリスト教を保護し、仏教を牽制したという指摘も当たらない。

そのように考えるならば、改めて信長と本願寺との長年にわたる抗争、比叡山の焼き討ち、安土宗論の意義を問い直す必要があろう。

宗教勢力ではなく武力集団として一向一揆に対応

元亀元年（一五七〇）以降、信長は約十年にわたって、本願寺との抗争を繰り広げた。本願寺とは、鎌倉時代に親鸞《しんらん》が開いた浄土真宗《じょうどしんしゅう》の一本山である。そもそも本願寺は、浄土真宗の中でも弱小勢力に過ぎなかったが、応仁・文明の乱を境にして、蓮如《れんにょ》が教団を拡張して影響力を持つようになった。その後、本願寺は加賀《かが》（石川県）を支配するなどし、戦国時代には大名が恐れるような存在になっていた。

では、信長と本願寺との戦いは、どのように考えられているのだろうか。

通説的にいうと、本願寺は民衆勢力を結集し、武家勢力の代表である信長との戦いに臨んだとされてきた。当時、一向一揆は加賀でも守護《しゅご》の富樫《とがし》氏を倒したし、三河《みかわ》（愛知県）では徳川《とくがわ》家康《いえやす》に果敢に戦いを挑んだ。それは一向一揆と民衆による武家権力への挑戦と捉《とら》えられ、信長は一向一揆を殲滅《せんめつ》することを最終目標にしていたと考えられた。本願寺と信長との戦いは、その最終局面だったのである。

とはいえ、現段階では、右の見方が疑問視されている。ここでは、神田千里氏の研究を参照しながら、確認することにしよう（神田：二〇一四）。

最初に申し上げておくと、本願寺は室町幕府に属しており、幕府には本願寺を担当する奉行《ぶぎょう》人が存在した。彼ら奉行人は、幕府と本願寺の間を取り次ぐ、重要な職責を担っていた。本願寺は加賀国守護の富樫氏を打倒したので、幕府からは加賀を支配する大名とみなされていた。幕府は諸国の大名に内裏《だいり》（天皇の御殿）の修理料の負担などを命じていたが、加賀の場合は本願寺にその命《めい》を下していた。諸国が負担する税なども同様だった。つまり、幕府にとって、本願寺は実質的に加賀の一大名だったのである。この点は重要である。

同時に一向一揆といえば、先述のとおり、反体制つまり大名と対立した存在であると考えられている。しかし、それは必ずしも正しい評価とはいえない。毛利氏が信長と敵対した際、毛利軍に加わったのが安芸門徒である。ときに、一向一揆は大名に与同する勢力となったのである。むろん、そうなったのには理由がある。

本願寺門徒は各地の大名領国に散在していたので、対立よりも友好的な関係を望んだ。本願寺は各地の本願寺門徒を支援すべく、大名との外交的な役割を担い、その保護を依頼していたのである。本願寺は各地に百姓身分の門徒を抱えており、門徒が安心して信仰をする上で、本願寺と大名が良好な関係を結ぶことが求められた。ゆえに本願寺は、諸国の大名との関係を維持する必要があったのである。

右の視点から、改めて信長と本願寺との戦いを考えてみよう。

本願寺の蜂起に「驚いた」信長

元亀元年（一五七〇）九月、本願寺は足利義昭・織田信長の軍勢に攻め込んだ。信長はこれ以前からすでに越前朝倉氏《えちぜんあさくら》、近江浅井氏《おうみあざい》と交戦に及んでおり、敵対していた三好《みよし》三人衆（三好長逸《ながやす》、三好政康《まさやす》、岩成友通《いわなりともみち》）が摂津《せっつ》の野田・福島付近（大阪市福島区）に陣を敷いたので、同地に出陣したのである。もう少し詳しく考えてみよう。

かつて三好三人衆は足利義輝《よしてる》を殺害し、京都を中心に支配権を確立していたが、信長に敗れて阿波《あわ》（徳島県）へと敗走する。しかし、三好三人衆に与《くみ》する大名（朝倉氏、浅井氏、六角《ろっかく》氏など）も存在し、彼らは新たに将軍となった義昭に対して反旗を翻した。おまけに本願寺は、もともと三好三人衆と良好な関係にあった。つまり、本願寺はそうした関係もあって、信長に戦いを挑んだというのである。

通説では、信長から無理難題を吹っ掛けられ、本願寺を破却するとまで言われた顕如《けんにょ》がついに蜂起したとされるが、事実と相違する。実際は顕如が諸国の門徒に信長への決起を促す檄文《げきぶん》を送り、近江浅井氏との同盟を確認していた。一方の義昭は朝廷を通して、一揆の蜂起を止めさせるよう依頼していたのである。

いざ本願寺が信長を攻撃すると、信長は大いに驚いたという（『細川両家記』）。つまり、本願寺は信長に抵抗するために戦いを挑んだのではなく、自らが仕掛けたものだった。逆が正しいのである。元亀三年（一五七二）になると、本願寺は信長と敵対していた武田信玄《たけだしんげん》と結び、信長と激しく対立した。

信長に臣従後は良好だった本願寺との関係

ところが、天正元年（一五七三）に信長が義昭を京から追放すると、状況は一変する。次に本願寺は義昭を支援し、引き続き信長に戦いを挑んだ。当時、上杉謙信《うえすぎけんしん》は書状の中で、本願寺や一向一揆の力の源泉が義昭や朝倉義景《よしかげ》にあると認識しており、本願寺が諸大名との関係を重視していたことが改めてわかる（『歴代古案』）。ただ、同年に本願寺は頼みとする朝倉氏、浅井氏が滅亡に追い込まれたので、信長と一度目の和睦《わぼく》をする。

天正二年（一五七四）一月に越前《えちぜん》（福井県）の一向一揆が蜂起すると、本願寺は信長との戦いに再び挑み、義昭も側近に対して信長への決起を促した（『手鑑』）。本願寺は武田勝頼《かつより》に書状を送り、連携《れんけい》を模索していた。同年、伊勢長島《いせながしま》（三重県桑名市）の一向一揆が信長に敗れ、徹底して殲滅された。その翌年の天正三年（一五七五）には、越前の一向一揆も同じく完膚《かんぷ》なきまでに殲滅された。これにより本願寺は信長に屈し、二度目の許しを得る。

天正四年（一五七六）に毛利氏が義昭を推戴して信長に叛旗を翻すと、再び本願寺は信長に対して決起した。結局、四年後の天正八年（一五八〇）、本願寺は信長に屈し、ついに大坂本

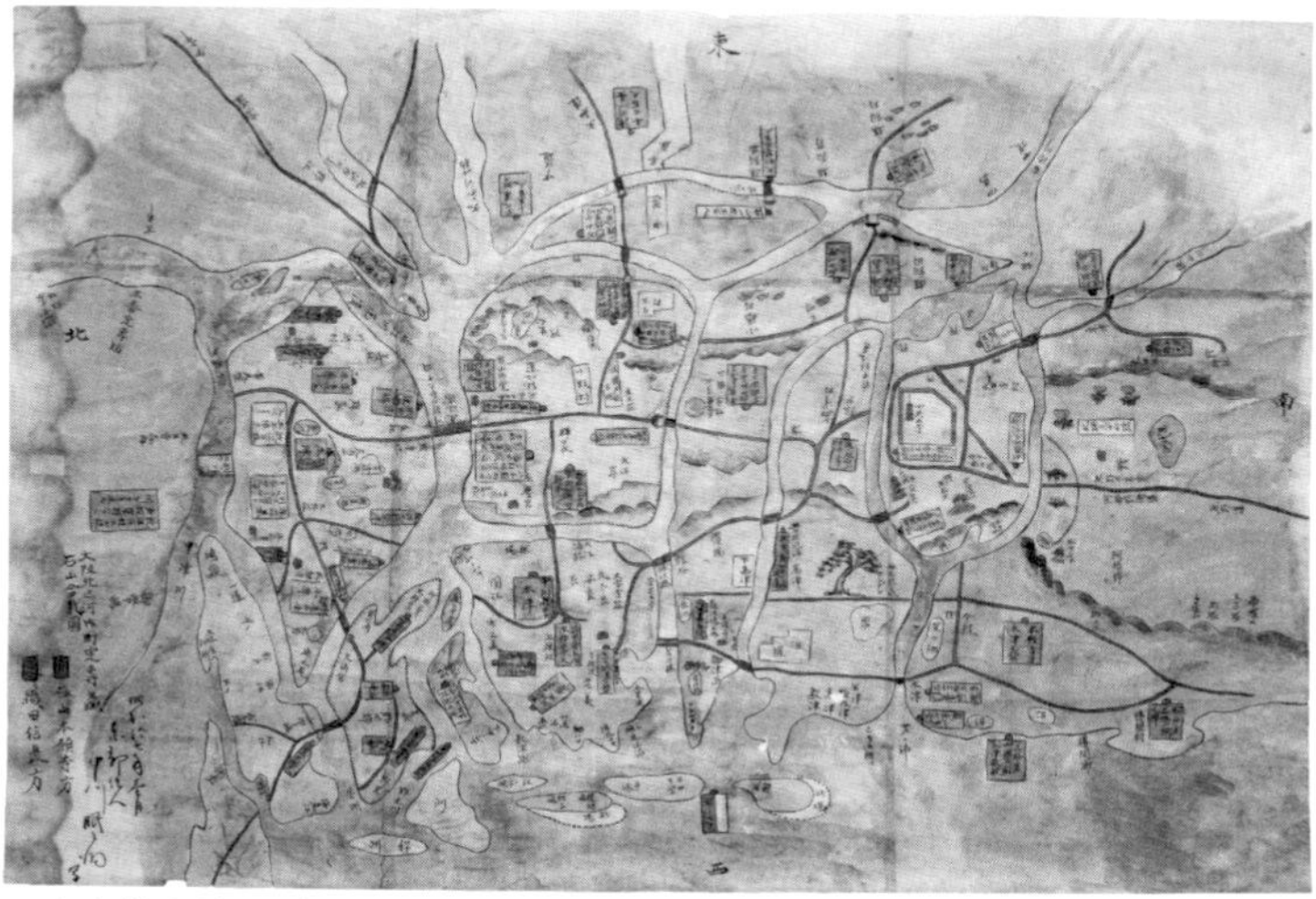

石山合戦配陣図（和歌山市立博物館所蔵）。戦いは約 10 年に及んだ

願寺をあとにせざるを得なくなった。ここで重要なことは、信長は本願寺の解体を志向していなかったことで、本願寺の降伏後も教団の存続を許したことである。

本願寺は将軍や諸大名との関係から信長に叛旗を翻したが、信長は決して本願寺の息の根を止めようとはしなかった。信長は本願寺が歯向かったから戦っただけであり、無神論者であるからではない。本願寺が信長に従えば、それでよかったのである。以後、信長は本願寺と良好な関係を保った。

なお、伊勢長島や越前の一向一揆では大量殺戮《さつりく》が行われたので、信長は本願寺の殲滅を目論《もくろ》んでいたという主張もあるが、それは当たらない。たとえば、天正七年（一五七九）の有岡城落城後、荒木村重の家族や家臣が大量虐殺《ぎゃくさつ》された例などがあるので、ことさら強調する必要はないというのが近年の主流な考え方となっている。

比叡山の焼き討ち——その真の理由

次に、信長による比叡山の焼き討ちについて考えてみよう。
元亀二年（一五七一）九月、信長は比叡山焼き討ちを決行した。信長の軍勢が坂本・堅田《かただ》（滋賀県大津市）付近に放火を開始すると、一斉に比叡山に攻め込んだ。その様子は、『信長公記』に次のように描かれている。

九月十二日、叡山を取詰め、根本中堂、三（山）王二十一社を初め奉り、霊仏、霊社、僧坊、経巻一宇も残さず、一時に雲霞《うんか》のごとく焼き払い、灰燼《かいじん》の地と為社哀《なるこそ》れなれ、山下の男女老若、右往、左往に廃忘を致し、取物も取敢へず、悉《ことごと》くかちはだしにして八王寺山に逃上り、社内へ逃籠、諸卒四方より鬨音《ときのこえ》を上げて攻め上る、僧俗、児童、智者、上人一々に頸をきり、信長公の御目に懸け、是は山頭において其隠れなき高僧、貴僧、有智の僧と申し、其他美女、小童其員《かず》を知れず召捕り（以下略）

この記述から、極めて残酷な措置が取られたことがわかる。死者の数は、フロイスの書簡には約千五百人、『信長公記』には数千人、山科言継《やましなときつぐ》の日記『言継卿記』には三千～四千と書かれている。いずれにしても、相当な数の人間が亡くなったのはたしかである。坂本周辺に居住していた僧侶や住民たちは、日吉《ひよし》大社（滋賀県大津市）の奥宮の八王子山に立て籠《こ》もったが、信長の軍勢によって焼き討ちにされた。

以上の信長による比叡山焼き討ちは、どのように理解されてきたのだろうか。天台宗《てんだいしゅう》の比叡山延暦寺は、中世を通して宗教的な権威として畏怖《いふ》され、時の権力者は公家、武家を問わず、容易に手出しをできなかった。しかし、信長はその中世的権威を否定すべく、焼き討ちを実行に移した。信長の革新性や無神論者を裏付けるような出来事であると、長らく評価されてきた。しかし、その実態はどうなのだろうか。

まず、当時の人々は、どのように信長の焼き討ちを捉えていたのだろうか。『言継卿記』には、「仏法破滅」「王法いかがあるべきことか」と焼き討ちを非難している。仏法とは文字通り仏教であり、王法とは政治、世俗の法、慣行のことを意味する。

一方で、信長自身はどう考えていたのだろうか。当時の比叡山延暦寺について、『信長公記』には次のように書かれている。

山本山下の僧衆、王城の鎮守たりといへども、行躰、行法、出家の作法にも拘らず、天下の嘲弄《ちょうろう》をも恥ぢず、天道の恐れをも顧みず、淫乱《いんらん》、魚鳥を服用せしめ、金銀賄《まひなひ》（賄賂《わいろ》の意）

に耽《ふけ》って、浅井・朝倉を贔屓《ひいき》（屓）せしめ、恣《ほしいまま》に相働くの条。

この記事を見る限り、延暦寺の僧侶らはまったくその責を果たしておらず、放蕩三昧《ほうとうざんまい》だったことがわかる。延暦寺の僧侶らが荒れ果てた生活を送っていたことは、『多聞院日記』にも延暦寺の僧侶が修学を怠《おこた》っていた状況が記されている。その上で、信長に敵対する朝倉氏、浅井氏に与同したというのである。こうした僧侶らの不行儀と信長に敵対したことが、比叡山焼き討ちの原因だったと考えられる。

前年の元亀元年（一五七〇）、朝倉氏・浅井氏と戦っていた信長は、比叡山延暦寺に対して、次のように通告していた（『信長公記』）。

① 信長に味方をすれば、山門（比叡山延暦寺）領を返還すること。
② 一方に加担せずに、中立を保つこと。
③ ①②を聞き入れないなら、根本中堂《こんぽんちゅうどう》を焼き払うこと。

結局、比叡山の衆徒は回答することなく、朝倉氏、浅井氏に味方した。信長は自らの申し出が認められなかったので、比叡山焼き討ちを決意したといえよう。決して間違えてはいけないのは、信長が仏教を否定したのではないということである。根本的なことは、比叡山延暦寺の僧侶が仏教者たる本分を忘れ、修学に励まないこと、放蕩生活を送っていたことに加え、信長に敵対する勢力に加担したからである。

それは、六代将軍・足利義教《よしのり》が永享七年（一四三五）に比叡山衆徒の行動に対して、制裁を加えたのと似ている。義教は仏教を否定するため、あるいは比叡山の宗教的権威を否定するために比叡山に制裁を加えたのではなかった。

信長による比叡山焼き討ちは、仏教の否定、比叡山の宗教的権威の否定と捉えられ、信長の革新性を裏付ける行動とされてきた。しかし、実際に信長には、そうした意図がなかったと今では指摘されているのである。

安土宗論の裁定に見る信長の真意

最後に取り上げるのは、天正七年（一五七九）五月に行われた安土宗論である。これについても、神田千里氏の研究などに拠ることにしよう（神田：二〇一四）。

宗論とは、異なった教説を立てる宗派間の教義上あるいは宗義上の論争のことである。日本では最澄《さいちょう》と徳一《とくいつ》の天台宗・法相《ほっそう》宗の争いをはじめ、法華宗も他宗に宗論を仕掛けて教団を拡大した。イエズス会の宣教師も同様である。肝心の安土宗論は、どのようにして行われることになったのだろうか。

関東の浄土宗《じょうどしゅう》の僧・玉念《ぎょくねん》が安土で法話をしていると、二名の法華宗信徒が不審を申しかけた。これがきっかけとなり、天正七年五月に安土の浄厳院《じょうごんいん》で、浄土宗の玉念と法華宗の僧が宗論を行うことになったのである。

一連の記録については、宗論の判定者の一人・因果《いんが》居士《こじ》なる僧侶が『安土宗論実録』を残している。そこには、信長が判定者に浄土宗の味方をするように指示したこと、その指示により浄土宗が勝つように宗論が誘導されたと書かれている。要するに安土宗論は、最初から信長が浄土宗の勝ちを仕組んだものなのである。

結果、法華宗は浄土宗との宗論に負け、浄土宗側だけでなく集まった聴衆からも袈裟《けさ》を剝《は》ぎ取られた。このように、宗論に負けた側は、勝者から屈辱的な行為をされたのである。

では、安土宗論は、どのように評価されてきたのだろうか。

通説によると、法華宗は京都の町衆と深くかかわっており、京都の住民の間に深く入り込んでいた。そのような事情もあって、信長が京都支配をする際、法華宗は面倒な存在だったという。ゆえに信長は宗論を仕掛け、半《なか》ば騙《だま》し討ちのような形で、法華宗を負けるように仕向けたというのである。実際に、法華宗は宗論に負けた。

とはいえ、この考え方は宗論前の信長の発言と矛盾するという。信長は法華宗の僧侶に対して、次のようにあらかじめ申し渡していた。

① 宗論に負けた場合は、京都及び信長分国中の法華宗寺院を破却されてもよいとの連判状を提出すること。
② ①が認められない場合は、宗論をやめて帰ること。

信長が法華宗を陥れるつもりなら、わざわざこういう条件を事前に示さないだろう。宗論の前に弾圧すればよい。しかし、信長は早々に法華宗を弾圧せず、あらかじめ浄土宗との和解を勧めてさえもいる。ではなぜ、信長はこのような条件を法華宗に提示したのだろうか。

信長が安土宗論で下した裁定は、宗論に参加した法華宗の僧・日淵《にちえん》の『安土問答実録』に書かれている。

信長が、負けた法華宗側に求めたのは、宗旨《しゅうし》を変えるか否《いな》かということだった。問われた法華宗　頂妙寺《ちょうみょうじ》（京都市左京区）の僧・日珖《にちこう》は、宗旨を変えることも死ぬこともできないので、隠居などを検討してほしいと申し出た。すると、信長は法華宗の僧に対して、三ヶ条にわたる起《き》請文《しょうもん》と詫《わ》び状に署名することを求めてきた。三ヶ条とは、次のとおりである。

① 法華宗が宗論で負けたことを認めること。
② ①にかかわらず、法華宗の存続が許可されたことに感謝すること。
③ 以後、他の宗派に宗論を挑まないこと。

結局、信長はいくつかの条件をつけて、法華宗を許したのであり、信長が法華宗の排斥《はいせき》を意図していないことは明らかである。『安土問答実録』によると、信長は法華宗が宗論によって、他の宗派に議論を吹っ掛けることを嫌っていたという。信長が安土宗論を通して重視したのは、法華宗が今後宗論をしないという約束だった。

当時の分国法においては、自力救済を禁止しており、行った場合は処罰されることになっていた。自力救済とは、権利者が権利を侵害されるか、侵害されようとしている際、裁判などの公的な救済手段によらず、自力でその権利を救済することである。宗論もその一つとして位置付けられ、決して歓迎されるものではなかった。信長も戦国時代に生きる人間だったので、自力救済の否定という観点から安土宗論を行い、あえて法華宗が負けるよう仕組んだ上で、宗論をさせないようにしたと指摘されている。

本章では、信長がかかわったキリスト教、仏教の象徴的な出来事を取り上げ、最新の研究に拠って検証した。その結果、これまで漠然と信じられていた、信長は無神論者である、信長は仏教を排斥しようとした、という説が誤りであることを紹介した。それらは、信長が革新者であるという前提において、規定されたものだったのである。今後、信長の宗教観についての認識は、改められるべきであろう。

第九章

教養をうかがわせる趣味人・信長

――能楽・茶の湯・相撲に鷹狩、西洋音楽からグルメまで

八尾嘉男

「クラシック音楽」を耳にしていた信長

「織田《おだ》信長《のぶなが》は革新者なのか？」というテーマは、さまざまな分野でその真偽を考えることができる。信長は、キリスト教に対して寛容な姿勢のまま生涯を閉じているが、その賜物《たまもの》が多くある。食でいえば、永禄十二年（一五六九）、室町幕府第十五代将軍・足利義昭《あしかがよしあき》のために手がけた二条《にじょう》城（徳川《とくがわ》将軍家による二条城とは別の、現・平安女学院に築いた天守を備えた城）で対面した宣教師ルイス・フロイスから献上された金平糖《こんぺいとう》を、信長が口にしたことはご存知の方も少なくないであろう。

他に、信長が耳にしたクラシック音楽がある。NHK・Eテレの番組「ららら♪クラシック」でも「戦国武将が耳にしたクラシック」というタイトルのもと取り上げられた（二〇一九年九月放送）。安土《あづち》城（滋賀県近江八幡市）近くに設けられたセミナリヨ（神学校）では、ラテン語や聖歌が宣教師たちによって教えられた。番組ではそれらを信長が耳にしたとし、豊臣秀吉《とよとみひでよし》が聴いた曲と合わせて紹介され、ルイス・ミラン作曲「ファンタジア」など三曲が演奏された。

これらは革新者というよりは、信長の新しもの好きを示す話である。では、信長が歴史の表舞台にあった頃、日本ですでに成立していた、または成熟の途にあった諸芸に対して信長はどのように接したのであろうか。芸能を包括する芸術は、茶の湯や盆栽《ぼんさい》、観劇など室内で行なうものと、鷹狩《たかがり》のように屋外で行なうものと多岐にわたる。そこで、インドアで楽しむものとアウトドアで楽しむものに分けて順に見ていきたい。また、茶の湯にはおもてなしとしての食が含まれるが、話を派生させて饗応での膳《ぜん》の数にも目を向けたい。

信長が演じた「敦盛」は能楽ではなかった

信長の時代の観劇というジャンルで私たちがまずイメージするのは、歌舞伎と能楽（猿楽《さるがく》）である。しかし、歌舞伎は、そのルーツとされる「かぶき踊り」を北野社《きたの》（北野天満宮）や御所などで演じた出雲阿国《いずものおくに》の生年が、諸説あるものの、元亀三年（一五七二）とされる。生年から判断して、阿国は信長の在世中はいまだ生国の出雲にあり、京都にやってきていないと思われる。おそらく信長は「かぶき踊り」を目にはしていない。

一方、能楽（猿楽）はというと、「敦盛《あつもり》」が曲目として思い浮かぶ。寿永三年（一一八四）二月、いまの兵庫県神戸市須磨区で起こった一《いち》の谷《たに》の戦いで、熊谷直実《くまがいなおざね》に一騎討ちの末に討ち取られる平敦盛《たいらのあつもり》をテーマにしたものである。永禄三年（一五六〇）五月、桶狭間《おけはざま》の戦いに際し、信長が今川義元《いまがわよしもと》を急襲する前に一曲舞ったものといえば、わかっていただけることであろう。ただし、能楽だけでなく、幸若舞《こうわかまい》にも「敦盛」という演目がある。すると、信長はどちらを舞ったのかという話になるが、信長が演じたのは幸若舞の「敦盛」である。

幸若舞は室町時代前期に成立した曲舞《くせまい》の一つである。曲舞は能楽のようにワキ方、シテ方と複数の演者を要さず、鼓《つづみ》による伴奏があるが、基本的にセリフとなる散文的な詞章をうたいつつ一人で舞うものである。確かに一人でうたい舞うといわれれば、信長の「敦盛」は幸若舞であったということが、なんとなく納得できる。

教養としての幸若舞への道筋をつけた信長

幸若舞は天皇家からの庇護《ひご》があったとされることもあって、当初、公家に好まれたが、禁裏《きんり》の衰微にともなうように、その支持層は武家の比重が高くなった。信長も最初はその一人である。ただ、それまでの武家とは違って、信長は、演目個々の好き嫌いは脇において、幸若舞(越前幸若流《えちぜん》)に対して、家の継承などで便宜をはかっている。

そして、単に楽しむだけではない信長の姿勢は、信長に続く天下人である豊臣秀吉、徳川家《いえ》康《やす》へと受け継がれ、江戸時代、幸若舞の家は、徳川将軍家から将軍家お抱えとして俸禄米《ほうろくまい》(給料)を得ている。当然のことながら将軍家の動きを受けて大名家や旗本家でも嗜《たしな》まれ、武家の教養となるわけであるが、信長はこうした流れへのレールを敷いたといってよいであろう。

ちなみに、明治時代になると、幸若舞の家は、将軍家や藩のお抱えという地位と給料を失うこととなる。これは自身だけにとどまらず、門弟として幸若舞を習い楽しむ中心の階層であった武士や多くの豪商が、社会的な立場とともに経済的な余裕もなくしたことを意味していた。加えて、日本文化への逆風的な社会の風潮のまま幸若舞が顧《かえり》みられなかったこともあいまって、新たな門弟をなかなか獲得できず、幸若舞の家の多くは廃業の道を選ぶこととなった。

次に見る能楽（猿楽）と異なり、幸若舞は多くの人たちが広く目にする機会が失われたため、いつの間にか信長が舞った「敦盛」は能楽の「敦盛」という意識を生むことになったともいえる。ちなみに、わずかに残った幸若舞の芸能は、現在は国の重要無形民俗文化財に指定され、福岡県みやま市瀬高町大江で継承されている。

信長家臣団と能楽との深い関係

能楽（猿楽）は、学校でのサークル活動や体験能などといった一部の例外を除けば、素人《しろうと》が演者となることは現在ではほとんどないが、江戸時代前期頃まではプロの役者だけが演じていたわけではなかった。読者の中には、セミプロといってもよい京都の町衆がいたことをご存知の方もいらっしゃることだろう。プロに学んだ門弟は洛中《らくちゅう》だけにとどまらず、山城《やましろ》国乙訓《おとくに》郡山崎（京都府大山崎町）の革屋・樋口久左衛門《ひぐちきゅうざえもん》など、より広範囲に及んでいる。

　また、信長が生きていた時代の能役者は、茶の湯を好んだものも少なくない。そのため、彼らの動向は公家や神官、僧侶の日記史料だけではなく、茶会の記録である茶会記からも確認できる。

　堺の商家・天王寺屋《てんのうじや》（津田家《つだ》）の宗達《そうたつ》、宗及《そうぎゅう》、そして最後の当主である宗凡《そうぼん》の三代にわたって書きつづけられた茶会記『天王寺屋会記』を見ると、観世座《かんぜざ》の鼓打《つづみうち》であった観世宗拶《そうさつ》の名が弟子の樋口久左衛門とともに散見される。

　宗拶と樋口は、天正六年（一五七八）二月に織田信長に仕える荒木村重《あらきむらしげ》の前で能を披露し、村重もまた能を舞っている。また、宗拶は前後して村重から佐久間信栄《さくまのぶひで》や千宗易《せんそうえき》（利休《りきゅう》）らとともに茶会に招かれるなどの機会をもっている。

　これは信長家臣団と観世座の役者の親交を示すとともに、家臣団が能楽を嗜んでいたことも表している。ちなみに、村重と観世宗拶、樋口久左衛門の三人の付き合いは、村重が信長に叛《はん》旗《き》を翻《ひるがえ》して以降、いま知られている史料上は途絶えてしまう。しかし、信長が本能寺の変で亡くなり、村重が堺に戻って一段落ついたであろう天正十一年（一五八三）二月になると、旧交を温めるように再会し、能楽を楽しんでいることが『天王寺屋会記』からわかる。

能の家系相続に便宜を図ったパトロン・信長

信長自身と能楽に目を向けていこう。ところで、ここまで能楽に猿楽という言葉を付記してきたが、それは江戸時代まで能楽は「能」、もしくは「猿楽」といわれていたからである。つまり、便宜上、本稿では現在用いられている「能楽」の表現を原則的に用いているが、信長は「能楽」とは呼んでいなかった。能楽の名前が登場するのは、明治十四年（一八八一）に「能楽社」が設立されてからである。

信長は諸史料からわかる通り、能楽を鑑賞し楽しんだが、それは豊臣秀吉のように手放しで執心したというわけではない。とはいえ、信長は、幸若舞同様に能楽にも相続などで便宜を図っており、土地にかかわる事例が経過とともに紹介されている（江口文恵：二〇一〇）。

さらに、先に触れた観世宗拶は信長から百石《ごく》の知行を与えられている。宗拶への知遇は信長のあとを受ける天下人である豊臣秀吉にも引き継がれ、秀吉は茶道具「尾藤壺」を、かつての所蔵者である千利休《せんのりきゅう》の添状とともに宗拶に贈っている。

これら能楽の家に対する天下人による庇護は、徳川家康以降、徳川将軍家へと引き継がれ、江戸時代、能楽は幕府による式楽《しきがく》として、公式行事の場で演ぜられるものとなり、武家の教養と位置づけられることとなる。伊達綱村《だてつなむら》（陸奥《むつ》仙台藩第四代藩主）、近江《おうみ》彦根藩主の井伊直弼《いいなおすけ》（幕末の大老。桜田門外の変で暗殺）をはじめ、江戸時代を通じて能楽に精通した大名が多くいたことからも、それはご理解いただけるであろう。信長は、幸若舞と同じく、次代の天下人による庇護の道筋を能楽にもつくったといえる。

能楽の家も、幸若舞と同じく明治時代に入ると社会的地位と経済的基盤を失うことになる。しかし、能楽は幸若舞と異なり、華族や政財界による後援を得《え》、門弟として学び、楽しむ人たちをつづけて獲得できたことで、存続の危機を乗り切ることができた。そして、能楽はいまも日本の古典芸能として公演が催され、国の重要無形文化財、ユネスコ無形文化遺産として登録されている。

時には気に入らないプログラムに怒り爆発

ところで、信長は幸若舞や能楽が演じられる中、気に入る、気に入らないの態度を示すことなく、終始おとなしく観劇していたのであろうか。信長の御前《ごぜん》で能や幸若舞が演ぜられた機会の一つとして、『信長公記《しんちょうこうき》』にも記録されている天正十年（一五八二）五月十九日の公演がある。これは武田《たけだ》氏討伐《とうばつ》の戦勝祝いとして徳川家康を迎えた際の歓待として、安土の摠見寺《そうけんじ》で催された。

当日は信長・信忠《のぶただ》親子をはじめとする一門衆や家臣たちが出席し、堺からも十人ほどの人たちが同席した。その一人である天王寺屋宗達が『天王寺屋会記』に様子を書き残している。

まず、前代の、足利将軍家が家臣の屋敷に出向く御成《おなり》とは違い、一昼夜にわたるような酒宴のなか演じられるプログラムではなかった。公演は幸若八郎九郎義重《はちろうくろうよししげ》はじめ二、三人による「長龍露払《つゆはらい》」ののち、本舞として「大職冠《たいしょくかん》」、小舞の「伏見《ふしみ》」、「常盤《ときわ》」と幸若舞から始まった。そののち丹波《たんば》（京都府、兵庫県）の梅若太夫《うめわかたゆう》による能へと移り、脇の能「御裳濯《みもすそ》」、ついで「盲目沙汰《めくらのさた》」が演じられた。

その際、直接の引き金が「盲目沙汰」であったかどうかまではわからないが、信長の機嫌が悪くなり、信長は演能を止めさせて強い不満を示すとともに梅若太夫に退席するように命じた。あわせて幸若太夫に「和田酒盛《わださかもり》」を舞うようにリクエストした。

すると、幸若太夫による演舞で機嫌が直ったのであろうか。信長は褒美《ほうび》として幸若太夫に黄金十枚を杯の土器に据えて下賜《かし》している。一方の梅若太夫であるが、少し時を置いて謝罪をし、能を一番演じる機会を得て、今度は首尾よく信長の意にかない、同じく黄金十枚を下賜されている。

信長の機嫌に左右される太夫からすればたまったものではなく、本書のテーマとする信長が革新者なのかという問いからもそれるが、演目や演能の出来が信長の気持ちを左右したと推測でき、私たちがイメージしている信長像を裏切らないといってよい話である。

単なる茶道具コレクターではなかった信長による「名物狩り」

信長の茶の湯は、「名物狩り《めいぶつがり》」と「御茶湯御政道《おんちゃのゆごせいどう》」という二つのキーワードが象徴的なものとして語られている(竹本:二〇〇六)。これは茶の湯に造詣《ぞうけい》の深かった前代の天下人・三好長慶《みよしながよし》との大きな違いになる。

「名物狩り」とは、朝倉《あさくら》氏、六角《ろっかく》氏など、信長が討伐《とうばつ》した大名家からの戦利品以外に、献上や強制を含めた買い上げによって名物茶道具を手に入れるものである。永禄十一年(一五六八)の信長二度目の上洛《じょうらく》からほどなく始まり、京都や堺の茶人たちの所持する茶道具が多くその対象になったことで知られている。

ただ、当時、名物茶道具を所持する茶人として著名であった京都や堺の商人すべてが「名物狩り」の対象となり、茶道具を差し出したというわけではない。御所出入りの呉服商であった辻玄哉《つじげんさい》が、師である武野紹鷗《たけのじょうおう》から譲られて愛蔵していた大名物《おおめいぶつ》の漢作唐物茄子茶入《かんさくからものなすちゃいれ》「紹鷗茄子」(サンリツ服部美術館所蔵)は、対象から外れた代表例である。

他にも信長からの申し出を拒否したケースもあった。茶釜「平蜘蛛釜《ひらぐもがま》」の献上の申し出を断った上、戦利品として奪われるくらいならば、と自らの命とともに「平蜘蛛釜」を灰塵《かいじん》に帰した松永久秀《まつながひさひで》である。

さらにもう少し見よう。信長が歴史の表舞台にあった頃、茶の湯での茶碗は、天目《てんもく》茶碗がまずあり、朝鮮半島で焼かれた日常雑器である高麗《こうらい》茶碗が侘《わ》びた趣向から新たに好み出されていた。

天目茶碗は、その至上とされるのが、二〇一九年春季に同時期に特別展（奈良国立博物館、MIHO MUSEUM、静嘉堂《せいかどう》文庫美術館）で展示公開された国宝の三点（静嘉堂文庫美術館所蔵、藤田美術館所蔵、大徳寺龍光院《だいとくじりゅうこういん》所蔵）に代表される曜変《ようへん》天目茶碗であるが、その三碗はいずれも信長の所有を経ていない。

それどころか、史料からわかる信長所有の茶碗のうち、曜変天目茶碗は一碗のみで、それも永禄十二年（一五六九）七月六日とかなり早い時期に日蓮宗《にちれんしゅう》の僧侶・朝山日乗《あさやまにちじょう》に下賜している（『言継卿記《ときつぐきょうき》』）。そののち信長が新たに献上させたり、譲渡の申し出を断ったとされる記録や逸話を見出《みいだ》せないことも踏まえると、信長は曜変天目茶碗をあまり好んでおらず、信長の周囲もそれをわかっていたと考えてよいかもしれない。

「名物狩り」は名物茶道具を集めた事実ばかりに目がいくが、信長の好みが収集の傾向を左右したことを忘れてはいけないし、好みを示すことが信長の茶の湯の実像を示す一端ともなる。

趣味と実益？　茶器収集に見える権威獲得の目的

名物茶道具の収集に信長の好みが加味されたであろうことを示したが、そもそもの収集の基準はどこにあったのであろう。また、名物茶道具の存在や所有者などの情報を信長はどこから入手したのであろう。

収集の可否を左右したものの一つが、「東山御物《ごもつ》」（室町幕府第八代将軍・足利義政《よしまさ》の旧蔵品）に代表される、足利将軍家がかつて所蔵していたという伝来の有無である。足利将軍家が所蔵していた茶道具は、幕府が政治的に不安定になるばかりでなく、財政的にも逼迫《ひっぱく》へと進んでいたことから、応仁・文明の乱（一四六七〜七七）の前後から徐々に新たな所有者のもとへと譲られ、諸方へ流失していた。

それらを、天下人のもとに再集結させる。これが、信長による「名物狩り」のもたらしたものである。「名物狩り」によって足利将軍家旧蔵の茶道具を所有することは、信長から見れば自らの権威の獲得という政治的意図があった。自治組織「会合衆」による合議制で町の自治を守っていた堺の人物が所有する茶道具を対象とすることは、服属の証という一面もある。

また、信長は、茶の湯の祖・珠光《しゅこう》遺愛で、足利将軍家旧蔵の伝来を持たない茶道具も好み、入手している。これは秀吉時代に利休によって大成される侘び茶に対する共感があったことを示している。また、信長が所持した茶碗の中に、柴田勝家《しばたかついえ》がのちに下賜される青井戸茶碗・銘「柴田」（根津美術館所蔵）などの高麗茶碗が散見されることも、侘び茶への理解を示す傍証の一つとなるであろう。

名物茶道具の情報を信長にもたらした存在は、茶会などの折りに出仕し、「茶頭《さどう》」（江戸時代

青井戸茶碗・銘「柴田」。重要文化財、大名物。信長が柴田勝家に下賜（根津美術館所蔵）

の「茶道役」の原形）として手助けをした今井宗久《そうきゅう》、天王寺屋宗及、千宗易（利休）ら堺の商人が考えられる。ただ、彼らが信長と面会し会話を交わすのは、信長の茶会や年中行事での挨拶《あいさつ》、信長の来訪などに限られていた。

そこで信長の道具の入手や茶会開催などを助け、彼ら堺にいる「茶頭」たちとのパイプ役ともなったのが堺代官の松井《まつい》友閑《ゆうかん》である（竹本：二〇一八）。友閑は生没年、とりわけ信長に出仕するまでの前半生がよくわからないが、能役者であったとされる出自は信長と能楽を考える上でも興味深い。

ただ、友閑が信長の茶会や道具の入手すべてに携《たずさ》わりつづけたわけではない。堺代官としての職務があり、絶えず信長の近くにいることができないため、信長の近臣たちが求めに応じて随時、友閑の役割を代行した。今後、友閑の代行をした近臣たちにも焦点があてられるべきであるが、その一人と考えられるのが江戸時代になって千利休の高弟七人、いわゆる「利休七《しち》哲《てつ》」の一人として名前が挙げられる牧村兵部《まきむらひょうぶ》（利貞《としさだ》）である。

「御茶湯御政道」とはどういうものか？

信長は、「名物狩り」などで集めた茶道具を将来どのようにする予定だったのであろうか。大名物の唐物茶壺・銘「松花《しょうか》」（徳川美術館蔵）をはじめ、十点以上を信長から譲られていた織田信忠《のぶただ》が後継者として相続をするという暗黙の了解があったものと思われる。

信忠は天正六年（一五七八）四月二十日昼、佐久間信盛《さくまのぶもり》・信栄《のぶひで》親子から進上された霰釜《あられがま》、辻《つじ》玄哉《げんさい》旧蔵の信楽焼《しがらきやき》の鬼桶《おにおけ》形水指のお披露目として京都・妙覚寺《みょうかくじ》で茶会を催し、自らも点前《てまえ》を披露している（『天王寺屋会記』）。

信忠は茶の湯に興味はないものの、次期天下人として信長から茶道具を相続するだけというわけでもなく、ある程度は茶の湯の素養があり、楽しんでいたと判断できる。ちなみにその日、信忠は茶会を終えると村井専次《むらいせんじ》の屋敷に出向き、専次から晩御飯のご馳走《ちそう》を受けにやってきていた天王寺屋宗及からお茶を点《た》てられ、信忠も再度点前を披露している。

このように信忠が茶道具を相続するというのが原則だったが、時にこれに反し、特別に家臣に褒美《ほうび》として下賜することがあった。これを「御茶湯御政道」という。「御茶湯御政道」は信長自身が口にしたり、書記役である右筆《ゆうひつ》が書き留めた言葉ではない。茶道具を信長から下賜された豊臣秀吉が、書状の中で感謝とともに記した表現をきっかけとする歴史用語である。

そのため、同じ書状に見える「ゆるし茶湯」のほうがより適切な表現ではないかという指摘もある。というのも、先に見たように、茶人は新たに茶道具が手に入るとお披露目の茶会を催す。茶道具を下賜されるということは、その道具を使って茶会をしなさいという意味になるからである。

　このように「御茶湯御政道」は、茶の湯を嗜むこと自体の許可ではない。つまり、茶道具を下賜された家臣が慌てて茶の湯を習い始めるといった姿はなかった。下賜がなくとも茶会を催していた例は、先に名前を挙げた牧村兵部（利貞）をはじめ多くある。
また、下賜された茶道具は一方通行とは限らなかった。丹羽《にわ》長秀《ながひで》は天正四年（一五七六）に珠光茶碗を下賜されたものの、二年後に返納している。

　茶道具を下賜されたのは重臣が多く、その過程で信長の様子が垣間見える。秀吉は、信長に対して特に望みのものをリクエストしなかったようであるが、柴田勝家は下野《しもつけ》国佐野郡　天明《てんみょう》（栃木県佐野市）でつくられた古天明姥口《こてんみょううばくち》釜（藤田美術館蔵）を所望した。しかし、信長から「手柄を立てれば」という条件とともに一度は断られる。その後、加賀《かが》（石川県）の平定と能登《のと》（石川県）・越中《えっちゅう》（富山県）への侵攻の足がかりをつけたことが手柄と判断されたと思われ、天正九年（一五八一）二月に勝家は念願を果たしている。

　その際、「な（慣）れな（慣）れて　あ（飽）かぬなし（馴染）みの　姥口を　人にす（吸）はせん　口を（惜）しと思ふ」と狂歌を口にしながら信長が勝家の前に用意したとされる逸話は、一度口にした手前、いまさら「これは嫌《いや》……」とは言えない心の内と、お気に入りだったので大事にして欲しいという信長の気持ちがうかがえる。

下賜の対象になった茶道具は、茶釜や茶碗、唐絵《からえ》の掛物など多岐にわたる。しかし、茶壺は唐物茶壺・銘「松花」と、東山御物の名物茶壺・銘「四十石《しじゅっこく》」を秀吉が得た例、銘「山桜」と銘「白雲《はくうん》」が滝川一益《たきがわかずます》に下賜された例ぐらいで、その数は少ない。

しかも、銘「四十石」は信長から拝領とはあるが（『天王寺屋会記』）、山上宗二《やまのうえそうに》による茶書『山上宗二記』では伝来に信長の所有を含めていない。つまり、銘「四十石」は信長に献上されようとしたものの、その手元に収まることはなく、信長は秀吉の手に渡るように裁可しただけだった可能性がある。

さらに、銘「山桜」は『信長公記』から下賜された事実がうかがえるばかりで、それ以上のことは判然としない。信長は茶壺の下賜には消極的であったといえるであろう。このように茶壺が重視されたのは信長在世時、茶道具でもっとも格が高いとされたものが茶壺であったことが関係していると思われる。

お香と盆栽を天下人の嗜みとした信長

ただ、信長は茶壺を贈ることはなくとも、茶壺から取り出した茶葉を下賜することがあった。名物になる茶壺には当然ながら極上の品質を持つ茶葉を保存しており、茶葉は十二分に褒美となるものである。たとえば、天正七年（一五七九）四月二十一日に天王寺屋宗及を招いた松井友閑は、のちに本能寺の変で焼失する茶壺・銘「三日月」に入っていた「極無《ごくむ》」という銘のお茶である旨を話し、振る舞っている。

こうしてみると、政治的な側面ばかりが目につきがちであるが、信長はお気に入りの茶道具を見出《みいだ》し、茶の湯に執心していたといってよいであろう。また、茶壺を手放さなかったのも、茶壺がもつ茶道具の格以上に、いつでも茶壺に入ったお気に入りの茶を飲めるようにしておきたかったという側面もあるかもしれない。

信長による茶道具収集と茶道具の下賜は、長年の忠勤への感謝の印や形見分けなどに形を変えつつ、続く天下人である豊臣秀吉、家康以降の徳川将軍家へと引き継がれることとなる。そして、名物茶道具は商家にあるものなど一部を除けば、天下人と大名家の間を行き来するだけとなり、明治維新を迎えるまで広く市場に流れることはなくなった。

また、名物を収集し、特別に人に譲ることは茶道具だけに限らなかった。それが、香である。有名なところでは東大寺正倉院に収められた名香木「蘭奢待《らんじゃたい》」を切り取り、相国寺《しょうこくじ》（京都市上京区）で披露ののち、その一部を天王寺屋宗及と千宗易《そうえき》（利休）に下賜したことがある。

さらに香に関していえば、信長は香自体を好み、天皇家ゆかりのものに特に関心を寄せている。正親町《おおぎまち》天皇が自ら調合した薫物を信長に贈った際は、それを気に入ったと思われる信長が大変喜んだことが紹介されている（本間：二〇一四）。

他にもう一つあげると盆栽である。盆栽は、歴史が古く、中国で「盆景」と呼ばれていたものが平安時代に日本に伝来したのが始まりとされる。盆栽は足利将軍家、とりわけ第八代将軍・足利義政が好んだ。信長の収拾の食指が動いたのも、茶道具と同じく、「東山御物」という由来が左右したと思われる。

代表的な盆栽には、元亀元年（一五七〇）に大坂本願寺と和睦《わぼく》した際、その印として一文字の井戸茶碗とともに大坂本願寺に送られた銘「残雪《ざんせつ》」がある。香と盆栽の嗜みは、つづく天下人にも受け継がれ、香道と盆栽は江戸時代の成熟と発展を迎えている。

ケースバイケースだった信長の「おもてなし」

信長が饗応で用意した膳は、その構成に検討が加えられている（江後：二〇〇七）。また、天正十年（一五八二）五月に武田氏討伐《とうばつ》の戦勝祝いとして徳川家康を安土城に招いた際の献立《こんだて》のうち、五月十五日に「おちつきの膳」（長旅のねぎらいと再会を祝した最初の食事）としてふるまわれた五つの膳とお菓子は、「安土フェスタ信長87」で安土町商工会によって復元もなされている。以降、復元は折にふれてなされ、再構成された御膳を供する店もある。ちなみに、五月十五日は、先に見た幸若舞と能楽の公演を含む歓待の初日である。

史料からわかる信長による膳の数を概観すると、茶会での三膳を除けば、おおむね五～七膳

安土献立。天正 10 年（1582）5 月 15 日、武田氏討伐戦勝祝いとして徳川家康にふるまわれたものを再現（画像提供：安土城天守信長の館。近江八幡市所蔵）

の構成である。当時、正式の膳の数とされた七・五・三の十五膳の形式にとらわれず、用意されていても口にはしない儀礼的な膳である式三献の三膳がないのは、信長のもてなしの特徴になる。各膳には三～五種の料理があるので、いま現在の私たちが宴席などで目にするものからすれば豪華、かつ食べきれない量である。

しかし、足利将軍家の御成でもてなされた膳の数は、式三献の三膳に始まり、全体で信長が用意した膳の数の三倍から四倍と、規模がまったく異なる。このように膳の数が多くなるだけあって、酒宴は観劇などをしつつ一昼夜にわたるプログラムであった。ちなみに、明応九年（一五〇〇）三月五日、大内義興《おおうちよしおき》は周防《すおう》国山口に逃れてきた室町幕府第十代将軍・義稙《よしたね》を二十五にわたる膳で歓待し、その献立は江後迪子《えじりみちこ》氏の監修で復元がなされている。

信長は酒宴自体を前代より短時間にし、膳を現実的なものに改めたといえる。御成を比較対象にするのはおかしいかもしれないが、主君がもてなしを現実的なものに改めれば、おのずと主君をもてなす際もそれに合わせるものとなるであろう。そして、信長が用意した膳の数は、次代へと引き継がれていった。かつて冠婚葬祭などで用意された本膳料理も、五膳程度と信長によるものと、さほど変わりがないことも興味深い話である。

同じ饗応でも、年頭の挨拶《あいさつ》を受ける際の信長のもてなしはどのようなものだったのであろうか。信長は、天正五年（一五七七）正月四日晩に安土城に登城した天王寺屋宗及に「生鶴汁」（生きた鶴を汁に仕立てたもの）と「鮒《ふな》の膾《なます》」、「焼鮭」の一汁二菜《いちじゅうにさい》を振る舞い、服を祝儀として授けている。人が入れ代わり立ち代わり訪れる場であるからか、当時、鳥類の中でももっとも格の高いものとされた鶴を用意するとはいえ、簡素に収めている。挨拶する側も、大部な膳数ではなく、一汁二菜くらいのほうが後ろで待っているであろう訪問者を気にすることなく、料理を堪能《たんのう》できたと思われる。

食材は山海のものをふんだんに用いている。信長や秀吉の時代のお菓子は果物などの水菓子や煮染めで構成されていたが、その中に羊羹《ようかん》や饅頭《まんじゅう》、落雁《らくがん》なども添えられているのは信長の特徴といってよいと思われる。面白いところでは、天正九年（一五八一）六月に安土で徳川家康を招いた際、十六日に西洋菓子「あるへいとう」をお菓子の一つに選んでいる。砂糖を煮つめた飴《あめ》菓子の一種である有平糖はキリスト教の宣教師が伝えたもので、日本史史料上の初登場になるようだ。

家臣のスカウト、トライアウトの場だった相撲

ここからはアウトドアに目を移していきたい。信長のアウトドアでの嗜みといえば、相撲《すもう》と鷹狩がある。相撲は自らが相手と取り組みをしない限りはスポーツ観戦であり、アウトドアとすることには異論があるかもしれないが、ここでは観劇や茶の湯などの諸芸と一線を画するものとしてアウトドアに含めることとする。

相撲は宮中をその始まりとし、記録は『日本書紀』の垂仁《すいにん》天皇の御代《みよ》を端著とする。そのため、平安時代には年中行事となるなど、当初は宮中で盛んであった。ところが、鎌倉時代以降、相撲を取り組んだり、観戦したりする中心は武家へと移っていった。身を守る格闘技として、また体を鍛える目的からの奨励である。

一方で、相撲は神事として神様に奉納する側面もあった。現在、伊勢《いせ》神宮や靖国《やすくに》神社に奉納される横綱の土俵入を思い返していただくとおわかりであろう。

信長は相撲を好み、諸国から力自慢を集めて観戦の機会を度々もった。ただ、前代と大きく違ったのは、武家だけでなく民間にも相撲が浸透していたこともあり、勝ち抜き戦で好成績を収めた者を新たに家臣として採用するスカウトの場としたことである。

どのように取り組みがあったのかなどを知りたいところであるが、現在の相撲における行司は江戸時代に歴史の始まりをみる。また、土俵は信長の時代にできたとされるが、裏付けを欠くもので、判然としない。おそらく決まり手も、現在のもとになる四十八手とは異なり、禁じ手もあったのかどうかすらわからない。

信長は観客も広く集めたと思われ、本章でたびたび登場している天王寺屋宗及は天正六年十月五日、京都に出かけて信長の京都屋敷で相撲を観戦している。競技会は終日におよび、取り組みの数は千番ばかりであったと宗及は『天王寺屋会記』に書き残している。便宜上、土俵の表記を用いるが、おそらく複数の土俵で開催されたのであろう。

相撲の嗜みは、家臣を見つける場とする習慣とともに続く天下人へと受け継がれている。そのため、参加する牢人《ろうにん》たちも、大名家への仕官に向けたトライアウトのような気持ちで挑むようになっていった。そして、江戸時代になると、地域の神事や祭事での相撲が定着する一方で、プロの力士や行司などの登場、大相撲の成立を見ることとなる。

現代に続く鷹狩の庇護者

鷹狩は、鷹を獲物とする狩猟ではなく、鷹を世話する鷹匠が飼育・調教した鷹を使って、鶴、雁《がん》、ウサギなどを捕まえる狩猟である。趣味であるとともにスポーツとして体を動かし、鍛えること、軍事調練も兼ねたものである。

日本での鷹狩は、仁徳《にんとく》天皇の時代に始まったとされ、宮中で盛んに行われていた。天皇による鷹狩は「野行幸《のぎょうこう》」と呼ばれている。このように述べると、贈答用の鷹の産地として東北地方が知られ、狩猟場である鷹場が東国、東日本に多いという江戸時代の印象から、読者には意外に感じられるかもしれない。

しかし、信長は京都近郊の東山（京都府京都市東山区）をはじめ、畿内で鷹狩を行なっていたことが『信長公記』や、吉田《よしだ》神社（同前）神主《かんぬし》で公家の吉田兼見《かねみ》の日記『兼見卿記《きょうき》』などから確認できる。兼見からすれば、自らの住まいの近隣にある山まで信長が出かけてくるので、挨拶をするタイミングやら休憩のときに口にする茶菓の用意やら、何かにつけて気を遣《つか》うこととなった。

京都近郊は、奈良へといたる奈良街道や河内《かわち》（大阪府）北部へと向かう南を除いた三方は山に囲まれている。中世には山城《やまじろ》が多く築かれ、諸氏が支配したがそれだけでない。古代以来、鷹狩をできる場が続いていた。信長からすれば、わざわざ鷹狩のために京都を離れて、東へと足を向ける必要はなかったのである。そして、信長は獲物として捕られた鶴や雁を無駄にはせず、プレゼントに充てたり、自らが客をもてなす際の食材として利用した。

そして、公家の家には持明院《じみょういん》家、西園寺《さいおんじ》家や三条西《さんじょうにし》家などが鷹狩の古式の伝授を家職《かしょく》とする家があった。信長が鷹狩を好んだことは、当時の公家でもっとも鷹狩に精通していた近衛前久《このえさきひさ》にとって、親交を重ねる上での糸口ともなった。

ここまでは革新ではなく古式を踏まえた信長像しか追えないが、興味深い史料が近年発見、紹介されている。二〇一七年六月二十日付『読売新聞』で報道され、同年の徳川美術館での特別展「天下人の城　信長・秀吉・家康」で展示された「織田信長書状　沢源三郎宛天正弐（年）十一月廿四日」（個人蔵）である。

これは近江国（滋賀県）の沢源三郎という鷹匠に宛てて天正二年十一月二十四日に出された朱印状である。沢家は江戸時代にも鷹匠として存続する家で、与助からその息子である源三郎へと代が替わるにあたり、与助が知行していた土地を源三郎が相続して所領とすることを保証すると信長が告げた内容である。

鷹狩の嗜好《しこう》は、鷹匠への身分保証の姿勢とともに信長に続く天下人である豊臣秀吉、徳川家康へと引き継がれ、近衛前久は両者とも古式の教授などで親交を重ねている。そして、家康は鷹狩を武家の嗜むものとする色彩をより前面に押し出し、鷹匠や病気になった鷹を世話する獣医の家臣化や鷹場の維持管理などが制度化されるとともに、公家による鷹狩は禁止されるようになっていく。

江戸時代、将軍による好みや財政状況（広大な土地を要する鷹場の維持管理や鷹の世話は財政負担が大きかった）によって諸藩による力の入れ具合は異なるが、鷹狩は武家の嗜みとしてあり続け、鷹は贈答品として尊重された。

信長は多数の鷹を献上品として贈られているが、鷹を贈答するという習慣も含めて鷹狩においても、信長は他の諸芸同様、江戸時代への道筋を立てたといってよいであろう。

信長が接した諸芸は、茶の湯を除けば多くが家の相続などで次の天下人による庇護や嗜みへの道筋を立てたことばかりで革新者とはいいがたい。しかし、戦争のない平和な時代での教養化に向けて欠かせない存在であったことは確かであろう。信長以前の天下人であった三好長慶は個人の教養として連歌《れんが》、茶の湯への造詣が深かったことが知られるが、諸芸に目を配っていたわけではない。信長の広い教養と独自性が際立つこともまた事実である。

おわりに

歴史は昔のことだから、変わらないだろうという意見を時折り耳にする。「信長が本能寺の変で死んだ」などの基本的な史実は、そんなに変わることはないかもしれない。ただ、細部では少しずつではあるが、新しい見解が示されている。

その要因はさまざまであるが、新しい史料が見つかり、史実が改められることがある。また、改めて既出の史料を丹念に読み直してみると、誤読があったということがあり、それにより史料解釈が改められることがある。他にも、ある研究者が主張した見解が独り歩きして、何の疑問もなく継承されてきたが、改めて検証すると誤りだったということも決して珍しくない。信長研究においても、同様に多くの点で改められたことが多い。

話は変わるが、歴史の一般書は非常に難しい状況にある。ある意味で歴史研究は敷居が低いので、誰でもアプローチが可能である。反面、歴史研究のトレーニングを受けていない人が書いた本は、史料が読めない（読まない）、研究史を読めない（読まない）、強引かつ飛躍した論理展開で、結論だけは突拍子《とっぴょうし》もなく衝撃的ということが増えてきた。

歴史研究のトレーニングを受けていない人はダメだ、ということではない。受けていない人でも、優れた論文や本を書いている人は数多くいる。とはいえ、単に間違えた、勘違いしたというレベルでなく（もちろん研究者も人間なので間違える）、意図的に驚くべき結論を導き出している例が多々あり、そういう誤った俗説が広まっていく。

根拠のない俗説が広まるのは遺憾《いかん》とせざるを得ないが、私たちはこうした形で、できるだけ最新の研究を提供したいと考える。

なお、本書は一般書であることから、本文では読みやすさを重視して、学術論文のように逐一、史料や研究文献を注記しているわけではない。執筆に際して多くの論文や著書に拠ったことについて、厚く感謝の意を表する。また、織田信長の研究文献は膨大になるので、参照した主要なものに限って提示していることをお断りしておく。

最後に、本書の編集に関しては、柏書房の村松剛氏のお世話になった。村松氏には原稿を丁寧に読んでいただき、種々貴重なアドバイスをいただいた。ここに厚くお礼を申し上げる次第である。

二〇一九年十二月

渡邊大門

執筆者紹介（執筆順）

秦野裕介（はたの・ゆうすけ）　**第一章、第二章執筆**

一九六六年京都府生まれ。立命館大学大学院文学研究科博士後期課程単位取得退学。現在、立命館大学授業担当講師、株式会社歴史と文化の研究所客員研究員。主な共著書・論文に、渡邊大門編『戦国・織豊期の政治と経済』（「室町・戦国時代における天皇の追号」執筆。歴史と文化の研究所、二〇一九年）、「室町時代における天皇論」（『日本思想史研究会会報』三五号、二〇一九年）、「クビライ・カアンと後嵯峨院政の外交交渉」（『立命館文学』六二四号、二〇一二年）ほか。

千葉篤志（ちば・あつし）　**第三章執筆**

一九八一年千葉県生まれ。日本大学大学院文学研究科博士後期課程満期退学。現在、日本大学文理学部人文科学研究所研究員。おもな編著書・共著書に、柴辻俊六・小川雄・千葉篤志編『史料集「柴屋舎文庫」所蔵文書2』（日本史史料研究会、二〇一五年）、渡邊大門編『戦国・織豊期の諸問題』（「天正六年の佐竹氏と白河結城氏の和睦に関する一考察～喝食丸の白河結城氏養子入りの意義について～」執筆。歴史と文化の研究所、二〇一八年）、渡邊大門編『織田権力の構造と展開』（「永禄十一年九月から天正八年八月における蜂屋頼隆の政治的位置について」執筆。歴史と文化の研究所、二〇一八年）ほか。

片山正彦（かたやま・まさひこ）　**第四章執筆**

一九七三年大阪府生まれ。佛教大学大学院文学研究科日本史学専攻博士後期課程修了、博士（文学）。二〇〇七年、

第五回「徳川奨励賞」受賞（(財)徳川記念財団）。現在、市立枚方宿鍵屋資料館学芸員、佛教大学・神戸常盤大学非常勤講師等。主な著書・論文に、『豊臣政権の東国政策と徳川氏』（思文閣出版、二〇一七年）、「筒井順慶の「日和見」と大和国衆」（『地方史研究』三九二号、二〇一八年）、「大坂冬の陣における堤防の役割 主に「文禄堤」と京街道を事例として」（『交通史研究』九三号、二〇一八年）ほか。

渡邊大門（わたなべ・だいもん）　**第五章、第八章執筆**

一九六七年神奈川県生まれ。佛教大学大学院文学研究科日本史学専攻博士後期課程修了。博士（文学）。現在、株式会社歴史と文化の研究所代表取締役。主な著書に、『関ヶ原合戦は「作り話」だったのか？ 一次史料が語る天下分け目の真実』（ＰＨＰ新書、二〇一九年）、『明智光秀と本能寺の変』（ちくま新書、二〇一九年）、『光秀と信長 本能寺の変に黒幕はいたのか』（草思社文庫、二〇一九年）ほか。

光成準治（みつなり・じゅんじ）　**第六章執筆**

一九六三年広島県生まれ。九州大学大学院比較社会文化学府博士課程修了。博士（比較社会文化）。現在、九州大学大学院比較社会文化研究院特別研究者。主な著書に、『小早川隆景・秀秋 消え候わんとて、光増すと申す』（ミネルヴァ書房、二〇一九年）、『九州の関ヶ原』（戎光祥出版、二〇一九年）、『関ヶ原前夜 西国大名たちの戦い』（角川ソフィア文庫、二〇一八年）ほか。

廣田浩治（ひろた・こうじ）　**第七章執筆**

一九六七年生まれ。大阪市立大学大学院文学研究科後期博士課程単位取得退学。現在、静岡市文化振興財団事務局学芸課係長。主な共著書に、悪党研究会編『南北朝「内乱」』（「楠木一族と南北朝内乱」執筆。岩田書院、二〇一八年）、鶴崎裕雄・小高道子編『歌神と古今伝受』（「衣通姫・茅渟宮伝承の形成」執筆。和泉書院、二〇一八年）、

渡邊大門編『戦国・織豊期の政治と経済』（「戦国期駿河の諸階層と社会的諸関係」執筆。歴史と文化の研究所、二〇一九年）。

八尾嘉男（やお・よしお）　**第九章執筆**

一九七三年三重県生まれ。佛教大学大学院文学研究科日本史学専攻博士後期課程単位取得満期退学。現在、京都造形芸術大学通信教育部非常勤講師。著書に『千利休　茶道教養講座5』（淡交社、二〇一六年）、共著書に、茶の湯文化学会編『講座　日本茶の湯全史第二巻　近世』（「利休七哲」執筆。思文閣出版、二〇一四年）ほか。

◆主要参考文献

第一章　足利将軍家に対する信長の意外な「忠誠」

今谷明『室町幕府解体過程の研究』（岩波書店、一九八五年）
臼井進「室町幕府と織田政権との関係について」（久野雅司編『足利義昭』戎光祥出版、二〇一五年、初出一九九五年）
奥野高広『増訂　織田信長文書の研究』上巻、下巻、補遺・索引（吉川弘文館、一九八八年）
金子拓『織田信長〈天下人〉の実像』（講談社現代新書、二〇一四年）
神田千里『織田信長』（ちくま新書、二〇一四年）
木下昌規「信長は、将軍足利義昭を操っていたのか」（日本史史料研究会編『信長研究の最前線』、洋泉社歴史新書y、二〇一四年）
久野雅司『足利義昭と織田信長』（戎光祥出版、二〇一七年）
久野雅司「足利義昭政権と織田政権」（久野雅司編『足利義昭』戎光祥出版、二〇一五年、初出二〇〇三年）
柴裕之「足利義昭政権と武田信玄」（『日本歴史』八一七号、二〇一六年）
谷口克広『信長と将軍義昭』（中公新書、二〇一四年）
藤田達生『証言　本能寺の変』（八木書店、二〇一〇年）
山田康弘「戦国期幕府奉行人奉書と信長朱印状」（久野雅司編『足利義昭』戎光祥出版、二〇一五年、初出二〇〇八年）
山田康弘『戦国時代の足利将軍』（吉川弘文館、二〇一一年）
山田康弘「室町幕府の「幕府」とは何か」（日本史史料研究会監修、渡邊大門編『信長研究の最前線2』、洋泉社歴史新書y、二〇一七年）

渡辺世祐「足利義昭と織田信長との関係に就いての研究」（久野雅司編『足利義昭』戎光祥出版、二〇一五年、初出一九一一年）

第二章　実は「信頼関係」で結ばれていた信長と天皇

池上裕子『織田信長』（吉川弘文館、二〇一二年）
石原比伊呂『室町時代の将軍家と天皇家』（勉誠出版、二〇一五年）
伊藤真昭「織田信長の存在意義」（『歴史評論』六四〇号、二〇〇三年）
今谷明『信長と天皇』（講談社現代新書、一九九二年）
奥野高広『増訂　織田信長文書の研究』上巻、下巻、補遺・索引（吉川弘文館、一九八八年）
金子拓『織田信長〈天下人〉の実像』（講談社現代新書、二〇一四年）
金子拓『織田信長権力論』（吉川弘文館、二〇一五年）
神田千里『織田信長』（ちくま新書、二〇一四年）
神田裕里『戦国・織豊期の朝廷と公家社会』（校倉書房、二〇一一年）
神田裕里「信長は天皇や朝廷をないがしろにしていたのか」（日本史史料研究会編『信長研究の最前線』洋泉社歴史新書y、二〇一四年）
神田裕里「信長の「馬揃え」は朝廷への軍事的圧力だったのか」（日本史史料研究会監修、渡邊大門編『信長研究の最前線2』、洋泉社歴史新書y、二〇一七年）
神田裕里『朝廷の戦国時代』（吉川弘文館、二〇一九年）
木下聡「信長は、官位を必要としたのか」（日本史史料研究会編『信長研究の最前線』洋泉社歴史新書y、二〇一四年）
黒嶋敏『中世の権力と列島』（高志書院、二〇一二年）

堺有宏「信長は、なぜ蘭奢待を切り取ったのか」（日本史史料研究会監修、渡邊大門編『信長研究の最前線2』洋泉社歴史新書y、二〇一七年）
立花京子『信長権力と朝廷　第二版』（岩田書院、二〇〇二年）
平井上総「織田信長研究の現在」（『歴史学研究』九五五号、二〇一七年）
藤井譲治『天皇の歴史5　天皇と天下人』（講談社学術文庫、二〇一八年）
堀新『織豊期王権論』（校倉書房、二〇一一年）
渡邊大門『戦国の貧乏天皇』（柏書房、二〇一二年）
渡邊大門『明智光秀と本能寺の変』（ちくま新書、二〇一九年）

第三章　家臣団統制に見る「独裁者信長」の虚像

池上裕子『織田信長』（吉川弘文館、二〇一二年）
奥野高広『増訂　織田信長文書の研究』上巻、下巻、補遺・索引（吉川弘文館、一九八八年）
奥野高広・岩沢愿彦校注『信長公記』（角川文庫、一九六九年）
榊山潤訳『現代語訳　信長公記（全）』（ちくま学芸文庫、二〇一七年）
柴裕之編『尾張織田氏　論集戦国大名と国衆6』岩田書院、二〇一一年）
谷口克広『信長の親衛隊』（中公新書、一九九八年）
谷口克広『信長軍の司令官』（中公新書、二〇〇五年）
谷口克広『織田信長家臣人名辞典　第2版』（吉川弘文館、二〇一〇年）
平井上総「織田家臣と安土」（『織豊期研究』二〇号、二〇一八年）
深谷幸治『織田信長と戦国の村』（吉川弘文館、二〇一七年）
丸島和洋「織田権力の北陸支配」（戦国史研究会編『織田権力の領域支配』岩田書院、二〇一一年）

村岡幹生「今川氏の尾張進出と弘治年間前後の織田信長・織田信勝」（『愛知県史研究』十五号、二〇一一年）
脇田修『織田政権の基礎構造　織豊政権の分析Ⅰ』（東京大学出版会、一九七五年）

第四章　緩急自在の外交政策が示す信長の「我慢強さ」

浅利尚民・内池英樹編『石谷家文書　将軍側近のみた戦国乱世』（吉川弘文館、二〇一五年）
小和田哲男監修『明智光秀の生涯と丹波福知山』（福知山市、二〇一七年）
片山正彦『豊臣政権の東国政策と徳川氏』（思文閣出版、二〇一七年）
片山正彦「筒井順慶の「日和見」と大和国衆」（『地方史研究』三九二号、二〇一八年）
齋藤慎一『戦国時代の終焉　「北条の夢」と秀吉の天下統一』（吉川弘文館、二〇一九年）
谷口克広『織田信長合戦全録』（中公新書、二〇〇二年）
谷口研語『明智光秀　浪人出身の外様大名の実像』（洋泉社歴史新書y、二〇一四年）
中村博司『大坂城全史』（ちくま新書、二〇一八年）
中脇聖「信長は、なぜ四国政策を変更したのか」（日本史史料研究会編『信長研究の最前線』洋泉社歴史新書y、二〇一四年）
平野明夫「織田・徳川同盟は強固だったのか」（日本史史料研究会編『信長研究の最前線』洋泉社歴史新書y、二〇一四年）
福田千鶴『淀殿　われ太閤の妻となりて』（ミネルヴァ書房、二〇〇七年）
本多隆成『定本　徳川家康』（吉川弘文館、二〇一〇年）
本多隆成『徳川家康と武田氏』（吉川弘文館、二〇一九年）
渡邊大門『山陰・山陽の戦国史　地域から見た戦国150年　7』（ミネルヴァ書房、二〇一九年）

第五章　「天才的」とは言い切れない信長の「兵法」

池享編『天下統一と朝鮮侵略　日本の時代史13』吉川弘文館、二〇〇三年)
金子拓編『長篠合戦の史料学　いくさの記憶』(勉誠出版、二〇一八年)
谷口克広『信長の親衛隊』(中公新書、一九九八年)
谷口克広『信長の政略』(学研パブリッシング、二〇一三年)
日本史史料研究会監修、渡邊大門編『信長軍の合戦史　1560－1582』(吉川弘文館、二〇一六年)
平井上総『兵農分離はあったのか』(平凡社、二〇一七年)
平山優『検証　長篠の戦い』(吉川弘文館、二〇一四年)
藤本正行『信長の戦争　『信長公記』に見る戦国軍事学』(講談社学術文庫、二〇〇三年)
藤本正行『桶狭間の戦い　信長の決断・義元の誤算』(洋泉社歴史新書y、二〇一〇年)
藤本正行『長篠の戦い　信長の勝因・勝頼の敗因』(洋泉社歴史新書y、二〇一〇年)
藤本正行『再検証　長篠の戦い』(洋泉社、二〇一五年)

第六章　信長の作った城郭・城下町、その「幻想」と「現実」

愛知県埋蔵文化財センター編『清洲城下町遺跡XI』(愛知県埋蔵文化財センター、二〇一三年)
内堀信雄「井口・岐阜城下町」(仁木宏、松尾信裕編『信長の城下町』高志書院、二〇〇八年)
小野友記子「安土へつながる先駆的な石の城・小牧山城」(『図説　織田信長の城』洋泉社、二〇一三年)
恩田裕之「美濃の守護所関連遺跡5　井口・岐阜」(内堀信雄、鈴木正貴、仁木宏、三宅唯美編『守護所と戦国城下町』高志書院、二〇〇六年)
加藤理文『織田信長の城』(講談社現代新書、二〇一六年)
金子健一「岩倉城」(内堀信雄、鈴木正貴、仁木宏、三宅唯美編『守護所と戦国城下町』高志書院、二〇〇六

年）
木戸雅寿『よみがえる安土城』（吉川弘文館、二〇〇三年）
木戸雅寿「安土山と安土城下町」（仁木宏、松尾信裕編『信長の城下町』高志書院、二〇〇八年）
岐阜市教育委員会、岐阜市教育文化振興事業団編『岐阜城跡3』（岐阜市教育委員会、二〇一五年）
岐阜市教育委員会、岐阜市教育文化振興事業団編『岐阜城跡4』（岐阜市教育委員会、二〇一六年）
小島道裕『戦国・織豊期の都市と地域』（青史出版、二〇〇五年）
「史跡小牧山発掘調査主郭地区第7次発掘調査現地説明会資料」（小牧市教育委員会、二〇一五年）
「史跡小牧山発掘調査主郭地区第8次発掘調査現地説明会資料」（小牧市教育委員会、二〇一六年）
「史跡小牧山発掘調査主郭地区第11次発掘調査現地説明会資料」（小牧市教育委員会、二〇一八年）
坂田孝彦「考古学からみた安土城下町の構造」（仁木宏、松尾信裕編『信長の城下町』高志書院、二〇〇八年）
下村信博「戦国期尾張の動向」（内堀信雄、鈴木正貴、仁木宏、三宅唯美編『守護所と戦国城下町』高志書院、二〇〇六年）
鈴木正貴「尾張の守護所関連遺跡2・清須」（内堀信雄・鈴木正貴・仁木宏・三宅唯美編『守護所と戦国城下町』高志書院、二〇〇六年）
鈴木正貴「交易拠点を押さえた信長誕生の館・勝幡城」（『図説　織田信長の城』洋泉社、二〇一三年）
鈴木正貴「若き信長が最初の拠点とした城・那古屋城」（『図説　織田信長の城』洋泉社、二〇一三年）
千田嘉博『信長の城』（岩波新書、二〇一三年）
「クローズアップ飯盛城2018　調査報告会資料集」（大東市教育委員会、大東市立歴史民俗資料館、四條畷市教育委員会、四條畷市立歴史民俗資料館、二〇一八年）
中井均「織豊系城郭の展開」（国立歴史民俗博物館編『天下統一と城』読売新聞社、二〇〇〇年）
中井均「信長の城と秀吉の城―織豊期城郭論の再検討」（仁木宏、松尾信裕編『信長の城下町』高志書院、二

〇〇八年）
中嶋隆「尾張の守護所関連遺跡4・小牧」（内堀信雄、鈴木正貴、仁木宏、三宅唯美編『守護所と戦国城下町』高志書院、二〇〇六年）
中嶋隆「小牧城下町」（仁木宏、松尾信裕編『信長の城下町』高志書院、二〇〇八年）
仁木宏「室町・戦国時代の社会構造と守護所・城下町」（内堀信雄、鈴木正貴、仁木宏、三宅唯美編『守護所と戦国城下町』高志書院、二〇〇六年）
仁木宏「「信長の城下町」の歴史的位置」（仁木宏、松尾信裕編『信長の城下町』高志書院、二〇〇八年）
福島克彦「戦国期畿内近国の都市と守護所」（内堀信雄、鈴木正貴、仁木宏、三宅唯美編『守護所と戦国城下町』高志書院、二〇〇六年）
松下浩「安土城下町の成立と構造」（仁木宏、松尾信裕編『信長の城下町』高志書院、二〇〇八年）
松下浩「信長と安土城」（堀新編『信長公記を読む』吉川弘文館、二〇〇九年）

第七章　信長の経済政策の「革新」と「保守」

天野忠幸『増補版　戦国期三好政権の研究』（清文堂出版、二〇一五年）
網野善彦『増補　無縁・公界・楽　日本中世の自由と平和』（平凡社、一九八七年）
桜井英治『日本中世の経済構造』（岩波書店、一九九六年）
柴辻俊六『織田政権の形成と地域支配』（戎光祥出版、二〇一六年）
高木久史『撰銭とビタ一文の戦国史』（平凡社、二〇一八年）
谷口克広『信長の天下所司代　筆頭吏僚村井貞勝』（中公新書、二〇〇九年）
谷口克広『信長の政略』（学研パブリッシング、二〇一三年）
長澤伸樹『楽市楽座令の研究』（思文閣出版、二〇一七年）

長澤伸樹『楽市楽座はあったのか』（平凡社、二〇一九年）
仁木宏『空間・公・共同体　中世都市から近世都市へ』（青木書店、一九九七年）
早島大祐「織田信長の畿内支配」（『日本史研究』五六五号、二〇〇九年）
廣田浩治「信長と都市堺はどのような関係だったのか」（日本史史料研究会監修、渡邊大門編『信長研究の最前線2』洋泉社歴史新書y、二〇一七年）
本多博之『天下統一とシルバーラッシュ』（吉川弘文館、二〇一五年）
脇田修『織田信長　中世最後の覇者』（中公新書、一九八七年）
渡邊大門「信長は、生野銀山を直接支配したのか」（日本史史料研究会監修、渡邊大門編『信長研究の最前線2』洋泉社歴史新書y、二〇一七年）

第八章　「無神論者」とはほど遠い、信長の信心深さ

秋田裕毅『神になった織田信長』（小学館、一九九二年）
朝尾直弘『将軍権力の創出』（岩波書店、一九九四年）
石毛忠「織田信長とキリシタンの出会い――織田政権の思想的課題（一）」（『防衛大学校紀要（人文科学分冊）』七五号、一九九七年）
神田千里『宗教で読む戦国時代』（講談社、二〇一〇年）
神田千里『織田信長』（ちくま新書、二〇一四年）
五野井隆史『日本キリシタン史の研究』（吉川弘文館、二〇〇二年）
谷口克広『信長の政略』（学研パブリッシング、二〇一三年）
松下浩「信長「神格化」の真偽を検証してみる」（日本史史料研究会監修、渡邊大門編『信長研究の最前線2』洋泉社歴史新書y、二〇一七年）

松本和也「信長とイエズス会の本当の関係とは」（日本史史料研究会監修、渡邊大門編『信長研究の最前線2』洋泉社歴史新書y、二〇一七年）

第九章　教養をうかがわせる趣味人・信長

天野文雄『能に憑かれた権力者　秀吉能楽愛好記』（講談社、一九九七年）
江口浩三『茶人織田信長　茶の湯の歴史を変えた戦国武将』（PHP研究所、二〇一〇年）
江口文恵「勧修寺文書に見る観世小次郎元頼の領地安堵　観世新九郎家文庫蔵織田信長朱印状に至るまでとその後」（『能楽研究』三四号、二〇一〇年）
江後迪子『信長のおもてなし　中世食べもの百科』（吉川弘文館、二〇〇七年）
小林健二「織田信長と幸若舞曲「敦盛」」（『国文学　解釈と鑑賞』第七四巻第一〇号、二〇〇九年）
竹本千鶴『織豊期の茶会と政治』（思文閣出版、二〇〇六年）
竹本千鶴『松井友閑』（吉川弘文館、二〇一八年）
本間洋子『中世後期の香文化　香道の黎明』（思文閣出版、二〇一四年）
山室恭子『黄金太閤　夢を演じた天下びと』（中公新書、一九九二年）
依田徹『盆栽の誕生』（大修館書店、二〇一四年）